家有鲜妻

JIAYOUXIANQI

老公使用说明书

赵海霞◎著

江西科学技术出版社

图书在版编目(CIP)数据

家有鲜妻/赵海霞著.

—南昌:江西科学技术出版社,2011.8

ISBN 978-7-5390-4496-5

Ⅰ.①家… Ⅱ.①赵… Ⅲ.①女性—幸福—通俗读物 Ⅳ.①C913.13-49

中国版本图书馆 CIP 数据核字(2011)第 230240 号

国际互联网(Internet)地址:http://www.jxkjcbs.com

选题序号:ZK2010139

图书代码:D11083-101

家有鲜妻

著 赵海霞

责任编辑/程宁宁

出版发行/江西科学技术出版社

社址/南昌市蓼洲街 2 号附 1 号

邮编/330009 **电话**/(0791)86623491 86639342(传真)

经销/各地新华书店

印刷/北京一鑫印务有限责任公司

版次/2013 年 4 月第 1 版

2013 年 4 月第 1 次印刷

开本/787mm×1092mm 1/16 14 印张

字数/180 千

书号/ISBN 978-7-5390-4496-5

定价/25.00 元

目录 CONTENTS

Chapter 1 幸福婚姻，读懂你的他

1. 利用九型人格看透你的他 / 2
2. 读懂性格，累积一世的幸福 / 8
3. 你的他属于哪一种性格？ / 14
4. 请一定要幸福 / 23

Chapter 2 完美无瑕型老公

1. 做他的 101%完美妻子 / 28
2. 主动妥协，让婚姻更和谐 / 31
3. 容忍他的“穷”讲究，生活质量会更高 / 35
4. 兑现你对他的承诺，赢得他的爱 / 38
5. 百般挑剔的他，让你更出色 / 41
6. 消除他忙碌的影子，带着他去休闲 / 45

Chapter 3 追求真爱型老公

1. 有着感性的一面，也不乏仗义和善良 / 50
2. 如果爱得不到满足，他会用一种特别的方式来宣泄 / 54
3. 痴情正是他与众不同的“幸运标志” / 58
4. 强迫对方接受自己的好意，这也是他表达爱的一种方式 / 61
5. 赞美有多大，他的动力就有多大 / 65
6. 有时候取悦别人并不是他的本意 / 69

Chapter 4 注重成就型老公

1. 他更需要你的光环照射，来获得他人的艳羡 / 74
2. 他天生就是表演家，会扮演好各种不同的角色 / 78
3. 爱吹牛出风头的他，需要你随时鼓掌 / 81
4. 他是典型的实干家，做他出谋划策的军师 / 85
5. 喜欢成功胜过一切，甚至把幸福建立在成功之上 / 88
6. 别让太大的工作压力压垮你的老公 / 92

Chapter 5 浪漫独特型老公

1. 阴柔而忧郁的艺术家面孔，但要拒绝忧郁症 / 96
2. 真正理解他，给他一段与众不同的情感 / 100
3. 制造点浪漫独特的氛围，唤起他那颗沉寂的心 / 103

4. 若即若离，给他编织一段美丽的梦 / 107
5. 沉溺于过去，带着他去释放 / 111

Chapter 6 精神追求型老公

1. 让自己丰富起来，思想的碰撞才能擦出爱的火花 / 116
2. 尊重他的私人空间 / 120
3. 行动吧，带着他走出社交“侏儒”的影子 / 124
4. 面对感情迟钝木讷的他，用你的智慧来激活 / 128
5. 给你一个神圣的任务：让你的老公行动起来 / 132

Chapter 7 忠贞不渝型老公

1. 打消他的疑心，给他安全感 / 138
2. 平淡无奇的生活足以安抚他那颗不安的心 / 142
3. 珍惜他，做他最忠诚的“粉丝” / 145
4. 解除恐惧和担忧，让他彻底放松 / 149
5. 他的妥协和忍让，不是窝囊和懦弱 / 153

Chapter 8 活跃享乐型老公

1. 天生的享乐派，去分享他的快乐吧 / 158
2. 耍点手段，激发起他责任心的情怀 / 161

3. 你的大吐苦水，对他来说是痛苦的折磨 / 165

4. 既有家花的芳香诱人，又有野花的娇媚迷人 / 169

5. 渴望自由，他更喜欢被放养 / 173

Chapter 9 领导支配型老公

1. 太专注于工作，而淡漠了感情 / 178

2. 不喜欢被控制，好妻子绝对不做造夫太太 / 182

3. 别碰触他的尊严，安然地做个幸福的女人 / 186

4. 有点强势和牛脾气，聪明的女人懂得以柔克刚 / 189

5. 他做他的大男人，你做你的小女人 / 193

Chapter 10 平和中立型老公

1. 很难对他人说“不”，尽管有时候很不情愿 / 198

2. 沉默沉默再沉默，他就是沉默的羔羊 / 201

3. 安于现状是他的选择 / 205

4. 异常冷漠，是为了维护自尊或者得到重视 / 209

5. 只是感受对方的需求，却忽视自我 / 213

Chapter 1

幸福婚姻，读懂你的他

1. 利用九型人格看透你的他

对于女人来说，一生中最重要的规划也许就是婚姻了，能够拥有一个幸福美满的婚姻是女人最大的成功。爱情似火，婚姻如水。在水火交融的婚姻头几年，女人在变得成熟与美丽的同时，也因为彼此日渐熟悉而让丈夫失去新鲜感。一个女人，要想成为幸福的女人，让男人从心里面把你当做宝贝，就必须花大量的心思去研究他以及你和他之间微妙的关系。用“经营”这个词一点都不夸张。

要知道，幸福的婚姻不仅需要细心的呵护，定期的保养，还需要付出耐心、爱心和掌握使婚姻幸福的技能，那些好命的幸福女人，是如何经营婚姻，让老公宠一辈子、疼一辈子的呢？

在婚姻中，很多时候都是因为不了解对方的心理而让彼此之间产生了许多矛盾和误会。如果能知道男人的心理、性格，然后再对症下药，采取不同的保鲜术，生活中再花点心思、要点“小手段”，这样的女人不被宠爱都难啊！

人的性格分为九种，概括为九型人格。九型人格是一个很好的了解他人的工具。认识了九型人格就好比打牌知道了对方的底牌一样。通过九型人格来研究男人的心理，不失为女人了解男人的一种最佳方式。运用九型人格，就能更好地读懂丈夫的心，然后再有的放矢，针对自己老公的性格用不同的解决办法。

九型人格研究的就是人的九种不同性格，它是一种精妙的性格分析工具。实际上它并不像大家想象的那么晦涩难懂，它是一个很有意思的事情。

为了解开大家心中的疑惑，我们就先从认识九型人格的渊源开始吧！九型人格最初只是一种叫九柱图的图案，最早始于苏菲教派，不过这个九柱图一开始可不是用来分析人的性格的，它只是用来开启和启迪教众的灵性，因为它的效果神奇，之后就被流入民间，各大学派、专家、学者纷纷展开对九柱图的研究工作。现在对九柱图的研究已经风靡全世界而且越来越被人接受。

九柱图(Enneagram)的本来意思就是 9 个方位的图形，据说在古希腊，天就是由 9 根柱子撑起来的，因此就用九柱图来涵盖不同的性格类型，即这 9 个方位的图形就代表了 9 种不同的性格，慢慢地，九柱图就逐渐演化成九型人格了。

九型人格的精妙之处就是能够把人的性格分为 9 种不同的类型，它囊括了人类不同的性格，能很好地、深层次地分析人内心深处最渴望的是什么，最害怕的又是什么，能够精准地分析出人的心理状况。

好神奇的一个工具啊！它简直能看透人心！这不太可能吧？也许各位姐妹们已开始发出嘘嘘惊叹之声了。什么工具能看透人心？但的确是如此，九型人格的神奇就在于此。它涵盖了人类具有的所有性格，这9种性格就代表9种不同的人，在这9种人的眼里，他们看到的世界也是不尽相同的，有的人看到了世界美好的一面，有的人则看到了世界阴暗的一面；有的人看到了人类善良的一面，而有的人则看到了人类丑恶的一面……每个人都有自己的观点，他们的想法、行为、价值观都大相径庭，导致这个世界在他们的眼里也是不尽相同的。因为每个人的家庭背景、受教育程度、接触的人群等不同，所以造就了这样一种现象：这个世界上没有完全相同的两个人。没有两片树叶是相同的，人和人之间也是一样的，这种区别太大了，即使是孪生姐妹，他们的性格差异大得简直让人难以想象。

我们总是希望别人能站在我们的立场来支持我们的观点、感受、行为，但结果往往事与愿违。他们的想法、感受、行为不仅与我们的大相径庭，有时候更是与你的背道而驰，这肯定会让你感到气愤、难受、生气，为什么他要这样呢？我这样做难道不对吗？他的性格也太怪异了吧！打住，千万不要去责怪他的性格不好，因为性格本身就没有好坏之分，对方在你这里得到的是这种评价，但是换一个人或许又是另一种评价。

俗话说：一样米养百样人。这也许就是性格使然。这么说吧，九型人格是一个很好的了解他人的工具，能够洞察对方的心理，姐妹们有必要认真仔细地研究一下这个奇特的九型人格。说了半天，那到底九型人格具体包括哪几种？

1号：完美无瑕型；

2号：追求真爱型；

3号：注重成就型；

4号:浪漫独特型;

5号:精神追求型;

6号:忠贞不渝型;

7号:活跃享乐型;

8号:领导支配型;

9号:平和中立型。

这9种不同的类型把人性几乎全部囊括了,解释了为什么有的人总是很乐观,而有的人总是很悲观;为什么有的人喜欢成为人群的焦点,而有的人却不显山不露水;为什么有的人总是浪漫多情,而有的人则像木头般不开窍;为什么有的人说话慢声细语,而有的人则脾气暴躁……太多的不同,太多的为什么了,通过九型人格能看清楚这些不同,在以后的章节中我们将分别介绍这九种不同类型的性格。当然了,着重点还是通过九型人格来分析婚姻中的男人心理,让各位姐妹们读懂男人,看清男人,而不是去改变男人。假如男人是一头大象,你非要让他在天上飞;假如男人是一只鸟,你却又非要他在地上跑,这好像有点太为难男人了。被女人刻意改变的男人未免也太命苦了。个性决定了一个人善于做什么,不善于做什么,让他做他不擅长的,肯定会做砸锅的,所以,试着去接纳和理解你的男人吧,而不是去改变他。

九型人格除了可以分为九个型号以外,在这九个型号里面还可以分为三个区域或者三个中心,分别是情感中心(包括型号2、3、4)、思想中心(包括型号5、6、7)、行动中心(包括型号8、9、1)。情感中心注重的是感受和情感,无论发生什么事,他们都很注重自己的内心感受,像追求真爱的2号、注重成就的3号和浪漫独特的4号都属于这一中心;

思想中心则是比较理性的一个中心，无论遇到什么事，他们都会习惯于思考、分析并总结，而且有丰富的想象力，像精神追求的5号、忠贞不渝的6号和活跃享乐型的7号；行动中心则是最不会空想、最脚踏实地、最在乎生存问题的人，像领导支配型的8号、平和中立型的9号和完美无瑕型的1号都属于这一中心。

把九型人格分成这三个中心，并不是说这三个中心的三个型号有共同的性格，只是他们有些地方很近似，但在性格的具体表现中又有着明显的区别和各自的特质，具体到每种型号的男人都有着什么样的特征，从后面的几章中可以找到答案。

我们对九型人格有了基本的认识，知道了人的性格千奇百怪、形形色色：原来他是完美无瑕型的性格，难怪凡事都要求尽善尽美几乎到了苛刻的程度；原来他是活跃享乐型的性格，难怪这么爱疯玩；原来他是领导支配型性格，难怪对人总是指手画脚，大有领导的派头……每个人都有自己的性格，包括你自己，也是1~9号中的任一个型号的性格，这种性格也许别人喜欢，也许别人不喜欢，就如同你喜欢甲的性格，却不喜欢乙的性格。不过，每种性格都有它存在的价值，不能因为别人的喜欢与否或者你的喜欢与否，就否定了这种性格的存在价值。也许你以前会有这种想法，A君性格太直，也太霸道，你不喜欢，在你的眼里他的这种性格就没有存在的价值；B君性格活跃，能给人带来欢乐，你喜欢，在你的眼里他的这种性格很有存在的价值。但是话说回来，这两个人的性格在别人心里，也许恰巧和你有不同的看法。不管是哪种观点，都不能否定这种性格的存在价值，既然它存在，那就有它存在的价值和理由。

我们需要做的是认识到每种性格的存在，并且尊重每一种性格，知道了你的他属于哪种性格，自然能很好地“掌控”住他，更好的经营你们的婚姻，做一个“鲜妻”。

2. 读懂性格，累积一世的幸福

“性格决定命运”、“性格决定一生的幸福”这些都是老生常谈。每一个有上进心的人都努力地完善自己的性格，争取让自己成为一个别人喜欢的人。但是姐妹们，有一个问题必须得注意一下了，在一个家庭中，你的这种或完善或改善都应该建立在了解对方性格的基础之上。比如对方是追求真爱型的，你的那种随意和大大咧咧就会让对方怀疑你们之间到底是否存在爱，如果你能温柔细心地体贴他、给他足够的爱、不辜负他的痴情，就是对这种类型男人最好的回报了；如果对方是注重成就型的，你的爱和真心已远远不能满足这种类型男人内心的真正需求了，他需要在爱他的同时，还要不断地赞美他取得的成就，因为他喜欢成功胜过一切，这种类型的男人就是典型的工作狂……当然了，我想说的是不同的男人、不同的性格，应该采取不同的对待方式。很多姐妹们都会认为，双方的性格吻合，而且外在条件、物质条件又很符合对方的要求，那这样的一对就是天造地设的一对儿，完全可以结婚，如果再加上彼此的价值观和兴趣都很一致的话，那两人之间自然很般配，生活也会很幸福，这种婚恋简直太完美了！但是，恋爱和结婚，不只是靠门当户对、性格是否吻合就能顺利发展的。看看身边那一对对幸福又让人嫉妒或羡慕的伴侣，在别人眼里，他们的造化和运气也太好了，不由地愤愤不平道："老天为什么如此不公！"可是仔细观察他们的相处之道，他们的关系之所以和谐，那是有原因的。当然，那些婚恋不顺利的人，其中也必有不顺的理由。

在一个家庭中，夫妻之间总会遇到各种各样的矛盾或者摩擦，比如说因为观点不一致，就会产生纷争。这都是因为不同的人看待事物的方式总是不一样的。如果知道对方的观点，那事情就好办了，根据他对待事情的观点或者方式，再采取有效的方式去沟通，矛盾和摩擦自然就会消失于无形之中。当然了，无论是在工作、家庭或者是其他紧急场合，能够迅速地辨别和判断出对方属于九型人格中哪种型号，对于整个局势的把握都是很有帮助的。

比如，你和老公因为去哪个城市旅游而产生了矛盾，你说去 A 城市，他说去 B 城市，矛盾始终未能得到解决，这时，你就要仔细的分析一下你的老公属于哪种性格。

如果是 1 号完美无瑕型性格的老公，这种性格的人往往爱吹毛求疵、喜欢挑毛病、凡事力求完美，也许你建议的城市有其不完美的地方，想要说服他恐怕是很难的。所以，不要在意他的苛刻，这是他本性的一种表现，你完全可以忽略不计，不和他计较。

如果是 2 号追求真爱型性格的老公，这种性格的老公非常富有爱心，也非常善解人意，会优先满足别人的要求，想说服这种老公是特别容易的，只要稍微给他施展点爱，他就高兴得找不着北了，会乖乖地听取你的建议。

如果是 3 号注重成就型性格的老公，这种性格的老公是工作狂，即使是旅游也会带着目的性去的，也许 A 城市有他的工作项目或者其他潜在的合作伙伴，如果你能轻而易举地说出去 B 城市旅游能为他带来多少商机或者多少可执行的项目，相信他不会拒绝你的建议。因为他会觉得去 B 城市旅游的建议简直是太高明了，于娱乐中挖掘有利的工作信息，何乐而不为呢？

如果是 4 号浪漫独特型性格的老公，这种类型老公的最大特点是很有创意、很浪漫、很与众不同，而且敏感、细腻、情绪多变，无论在服饰、言行或者思维方面，他都是一个不折不扣的艺术家，充满幻想，非常注重感觉。如果你告诉他：B 城市曾是某个诗人或者某个艺术家的故乡，我们可以把电话关上三天三夜，沉浸在充满艺术家气氛的城市里，感受一下艺术家曾经的生活，让全世界都找不到我们，这种感觉是多么的美妙啊……相信他会非常赞同你的想法，会欣然答应你的建议，只要和艺术、浪漫、创意、新奇有关的事物，他都会充满好奇。

如果是 5 号精神追求型性格的老公，这种类型的老公是典型的书呆子，有点书生气，比较注重精神方面的追求而没有太多的物质渴求。他有满脑子的理想，而且学问高深，但只顾潜心研究某一领域，不管什么时候都不会放弃这种想法。可以说，这种类型的老公是九种类型中最为理性的一个，他把所有的精力都用在学习和钻研知识上了，对于娱乐、旅游或者其他方面，他很不在行，基本上会尊重别人的建议，也很少会和别人发生争执。所以，你可以大胆放心地提出你的建议，如果巧妙地让他了解到 B 城市有很多名胜古迹或者历史名人等这些与知识相关的信息，相信他会非常感兴趣的。

如果是6号忠贞不渝型性格的老公，这种类型的老公对任何事物都循规蹈矩，从来不会标新立异，而且也很难接受新事物，同一件事可以重复无数遍，做事非常谨慎。他之所以选择A城市，是因为相对于B城市来说，A城市有让他安全的因素，他对A城市很了解而且非常有把握。但是他又很忠诚于他的妻子，也比较优柔寡断，容易听从自己足够信任和爱着的人的建议，只要告诉他去B城市能让他足够的开心快乐、给他足够的安全感就可以了。

如果是7号活跃享乐型性格的老公，这种类型的老公天生就喜欢玩，只要有玩的地方，他就喜欢参与，直到玩腻了为止，如果你能在B城市中找到很新颖、很独特、很新奇的事物，前提是你老公从来没接触过的，相信他会非常开心地接受你的建议。

如果是8号领导支配型性格的老公，这种类型的老公是最难说服的，因为他永远都会摆出一副领导的派头，有着天下唯我独尊的气势，他习惯于自己决定，不喜欢听从别人的建议，如果是带着尊重、肯定、佩服的语气来建议他，相信他也是很明事理的。争执是他最反感的，“对付”这种男人，温柔并干练着是最好的办法了。

如果是9号平和中立型性格的老公，这种类型的老公就好“对付”了，他很容易被你说服。因为在他的心里，永远坚守着“我摇着橄榄枝来到了这个世界，把和平带到了这个世界”的信念，所以，他希望他的家庭中永远充满祥和、安宁的氛围，如果发生冲突，他会委屈自己，尽量满足别人，为的就是息事宁人，尽管有时候这并不是他内心的真实想法。不过这种类型的老公在中途很容易改变主意，可能会在准备出发时改变想法,做妻子的要谨慎对待,仔细观察他的变化。

对待同一件事,每一种性格的人会作出不同的反应。其实,在一个事实里面有成千上万个"因素",A 君认为是快乐的因素,B 君认为是安全的因素,C 君则认为是浪漫独特的因素,D 君则认为是其他不同的因素……也许,N 君还会有更加独特的看法。

打个形象的比喻,了解了九型人格,就好比打牌知道了对方的底牌一样,把对方的底牌看得一清二楚,至于怎么出牌,那心里肯定跟明镜儿似的,当然,这场牌局也肯定是势在必赢。

了解九型人格之后,你可能会豁然开朗,怪不得他凡事都要讲究原则、标准、秩序,对是非曲直总要弄得明明白白的,原来他是 1 号;他把爱看作自己的全部,那么痴情,甚至有点极端倾向,比如偷查手机信息、电话等,原来他是 2 号;他太想拥有成就,太渴望成功了,甚至胜过一切,原来他是 3 号;典型的艺术家,理想化、浪漫还有点忧郁,原来他是 4 号;一心把自己埋在追求知识的海洋里,有点古板、有点深沉,原来他是 5 号;不太信任别人,疑心过重,极度缺乏安全感,原来他是 6 号;开心果、贪玩、向往自由、极度享乐,原来他是 7 号;爱面子,也很男人,不过有时候脾气很坏,原来他是 8 号;很好的一个伴侣,很随和,也很有耐心和宽容之心,不过有时候却显得冷漠,原来他是 9 号……你也许曾经对老公的表现表示出了严重的不满,如果他不符合你的心理标准或者心理要求,你都会感觉很奇怪、很诧异,甚至对他产生怀疑。你对他的行为是极其的不理解,更是不予以支持,"他为什么要这样?"、"他到底是怎么了?"……带着种种疑问,你对婚姻充满了恐惧,对眼前的这个男人产生了极度的不信任,甚至还怀疑你们之间的婚姻是否就是个错误，离婚的念头也频频闪现。当然，这只是在不了解对方人格基础上的一时冲动。他的有些行为也许在你看来不可理解，但那却是他的性格使然，他并不是针对谁，这只是他性格中流露出来的一些特征表现。九型人格就如同一面镜子，让你很清楚地透过现象看到他的本质，原来他的表象之下隐藏着另外一层本质的东西。了解到这一点之后，你就放下心中对他的芥蒂吧，努力做个好妻子，理解他、爱护他、支持他，当然，更重要的是帮助他积极健康地强大起来。另外，不可缺少的是运用你的聪明和智慧使点“小手段”来“对付”他，从而使你的婚姻更加温馨、更加持久、更加永恒。

3. 你的他属于哪一种性格?

你一定很想知道你的老公到底属于哪一种性格,因为只有了解了对方的性格,才能更好地把握对方、了解对方,这样的婚姻生活才能更加幸福美满。现在,给你的老公倒上一杯茶,让你的老公静下心来做完下面的这个测试题。当然了,你也可以趁着晚上睡觉之前,躺在老公的怀里,"逼"着他做完这道测试题。这道测试题是国外的心理学家和九型人格专家辛勤研究出来的劳动成果,其精准程度非常高。

先说一下测试的规则,本测试一共有 108 道题,请根据自己的行为习惯作出正确的选择,同意的话就在前面括号中的型号数字中打钩(其中的型号数字是从 1~9 号,代表的即是九种性格,即九型人格),一个钩代表 1 分,最后统计一下 1~9 号性格,哪个型号的分数最多,分数多的就是主体性格,其次的是倾向的性格。另外,这项测试没有正确与错误之分,它反映的只是一个人的个性和世界观而已,无论最后测试出的是哪种类型的性格,都不必为此苦恼和担忧,因为性格无好坏之分。好了,测试开始!

(9号) 1. 你总是很容易迷茫。

(1号) 2. 你虽然不想成为一个喜欢批评人的人,但却很难做到。

(5号) 3. 你比较倾向于研究宇宙的道理、哲理。

(7号) 4. 你很注意自己是否年轻,因为那是找乐子的本钱。

(8号) 5. 你喜欢做主,凡事靠自己。

(2号) 6. 当你有困难时,你总是尝试不让别人知道。

(4号) 7. 如果被人误解,对你而言是一件非常痛苦的事。

(2号) 8. 施舍给别人比接受别人会给你更大的满足感。

(6号) 9. 对于一件事,你总是设想最糟的结果,并且陷入无尽的痛苦之中。

(6号) 10. 你经常试探或考验朋友、伴侣的忠诚。

(8号) 11. 你很坚强,所以你总是看不起那些软弱的人,有时甚至用种种方式羞辱他们。

(9号) 12. 身体上的舒适对你非常重要。

(4号) 13. 你能触碰生活中的悲伤和不幸。

(1号) 14. 如果别人完不成分内的事,你会感到很失望。

(9号) 15. 你总是时不时地拖延问题,不去解决。

(7号) 16. 你喜欢戏剧性、多姿多彩的生活。

(4号) 17. 你认为自己有很多缺陷。

(7号) 18. 你喜欢美食、服装、身体的触觉刺激,认为那是一种享受。

（5号） 19．当别人请教你一些问题，你会事无巨细地一一分析清楚。

（3号） 20．你喜欢向别人推销自己，而且从不觉得难为情。

（7号） 21．有时你会放纵自己。

（2号） 22．如果帮助不到别人，你会觉得很痛苦。

（5号） 23．你不喜欢别人问你一些广泛、笼统的问题。

（8号） 24．在某些方面你有放纵的倾向（例如食物、药物等）。

（9号） 25．你宁愿适应别人，也不去反抗他们。

（6号） 26．你最不喜欢的一件事就是虚伪。

（8号） 27．你知错能改，但由于执著好强，周围的人还是感觉到有压力。

（7号） 28．你觉得人生很快乐，很多事是那么的好玩又有趣。

（6号） 29．你有时很自信，有时却又优柔寡断，依赖别人。

（2号） 30．你的付出多于接受。

（6号） 31．面对威胁时，你会变得焦虑，同时会对抗迎面而来的危险。

（5号） 32．你总是等别人来接近你，而不是你去接近他们。

（3号） 33．在某些场合，你喜欢当主角，希望引起大家的注意。

（9号） 34．为了避免争执与冲突，即使别人批评你，你也不会回应和辩解。

（6号） 35．你有时很期待别人的建议，有时却又听不进别人的忠告。

（9号） 36．对于自己的需求，你经常会忘记。

（6号） 37．在重大危机中，你通常会克服对自己的质疑和内心的焦虑。

(3号) 38. 你很会说服别人,天生就是一个推销员。

(9号) 39. 对于一个无法了解的人,你始终保持怀疑。

(8号) 40. 你爱依惯例行事,不大喜欢改变。

(9号) 41. 你很在乎家人,忠诚和包容是你对待家人的方式。

(5号) 42. 你被动而又优柔寡断。

(5号) 43. 你虽然有包容力,但跟人的感情互动不深。

(8号) 44. 你沉默寡言,好像不会关心别人似的。

(6号) 45. 你非常专注你擅长的领域,但给别人的感觉却是冷酷无情。

(6号) 46. 你常常保持警觉。

(5号) 47. 你不喜欢要对人尽义务的感觉。

(5号) 48. 如果不能完美地表达,你宁愿不说。

(7号) 49. 你的计划比你实际完成的还要多。

(8号) 50. 你野心勃勃,喜欢挑战和登上高峰的经历。

(5号) 51. 你倾向于独断专行并自己解决问题。

(4号) 52. 你很多时候感到被遗弃。

(4号) 53. 你常常表现出十分忧郁的样子,充满痛苦而且内向。

(4号) 54. 初见陌生人时,你会表现得很冷漠、高傲。

(1号) 55. 你的面部表情严肃而生硬。

(4号) 56. 你常常不知自己下一刻想要什么。

(1号) 57. 你常对自己挑剔,期望不断改善自己的缺点,以成为一个完美的人。

（4号） 58．你感受特别深刻，并怀疑那些总是很快乐的人。

（3号） 59．你做事有效率，也会找捷径，模仿力特强。

（1号） 60．你讲理、重实用。

（4号） 61．你有很强的创造天分和想象力，喜欢将事情重新整合。

（9号） 62．你不会要求得到太多的注意力。

（1号） 63．你喜欢每件事都井然有序，但别人会认为你过分执著。

（4号） 64．你渴望拥有完美的心灵伴侣。

（3号） 65．你常夸耀自己，对自己的能力十分有信心。

（8号） 66．如果周遭的人行为太过分时，你准会让他难堪。

（3号） 67．你外向、精力充沛，喜欢不断追求成功，这使你的自我感觉良好。

（6号） 68．你是一位忠实的朋友和伙伴。

（2号） 69．你知道如何让别人喜欢你。

（3号） 70．你很少看到别人的功劳和好处。

（2号） 71．你很容易知道别人的功劳和好处。

（3号） 72．你嫉妒心强，喜欢跟别人比较。

（1号） 73．你对别人做的事总是不放心，批评一番后，自己会动手再做。

（3号） 74．别人会说你总是戴着面具做人。

（6号） 75．有时你会激怒对方，引来莫名其妙的吵架，其实是想试探对方爱不爱你。

（8号） 76．你会极力保护你所爱的人。

（3号） 77．你常常刻意保持兴奋的情绪。

（7号） 78. 你只喜欢与有趣的人为友，对一些闷蛋却懒得交往，即使他们看来很有深度。

（2号） 79. 你常往外跑，四处帮助别人。

（3号） 80. 有时你会讲求效率而牺牲完美和放弃原则。

（1号） 81. 你似乎不太懂得幽默，没有弹性。

（2号） 82. 你待人热情而有耐性。

（5号） 83. 在人群中你时常感到害羞和不安。

（8号） 84. 你喜欢效率，讨厌拖泥带水。

（2号） 85. 帮助别人拥有快乐和成功是你重要的成就。

（2号） 86. 付出时，别人若不欣然接纳，你便会有挫折感。

（1号） 87. 你不习惯别人热情的付出。

（5号） 88. 你对大部分的社交集会不太有兴趣，除非有你熟识和喜爱的人。

（2号） 89. 大多时候，你会有强烈的寂寞感。

（2号） 90. 人们很乐意向你诉说他们所遭遇的问题。

（1号） 91. 你不但不会说甜言蜜语，而且别人会觉得你唠叨不停。

（7号） 92. 你爱自由，因此不爱承诺。

（3号） 93. 你喜欢告诉别人你所做的事和所知的一切。

（9号） 94. 你很容易认同别人所做的事。

（8号） 95. 你要求光明正大，为此不惜与人发生冲突。

（8号） 96. 你很有正义感，有时会支持不利的一方。

（1号） 97. 你注重细节但效率不高。

（9号） 98. 你的沮丧和麻木多于愤怒。

(5号) 99. 你不喜欢那些侵略性或过度情绪化的人。

(4号) 100. 你是一个情绪化的人,喜怒哀乐是常有的事。

(5号) 101. 你不想别人知道你的感受与想法,除非你告诉他们。

(1号) 102. 你喜欢刺激和紧张的关系,而不是稳定和依赖的关系。

(7号) 103. 你很少专心去听别人的心声,只喜欢说说俏皮话和笑话。

(1号) 104. 你是循规蹈矩的人。

(4号) 105. 你很难找到一种你真正感到被爱的关系。

(1号) 106. 如果你想结束一段关系,不是直接地告诉对方就是激怒他使其离开你。

(9号) 107. 你性格温和平静,且不爱与人竞争。

(9号) 108. 你时而善良可爱,时而又粗暴野蛮。

测试完毕,算出分数了吧,那就对号入座吧,看看1号性格有几分,2号性格又有几分,3号、4号……直到9号, 最高的分数就是主体性格,看看你的他属于哪一种性格。

通过以上的测试题,你已经知道你老公是哪类型性格了,得分最高的就是所属的性格,不过其他性格也都有得分,没有一个性格是零分。也就是说,在你老公身上每种性格都有它们的影子,而且有的性格的得分仅仅次于所属性格类型的得分,比如,如果你老公测试的是8号性格类型,但他3号和4号的得分也很高,回头再想想,他绝大多数情况下把8号性格特征表现得淋漓尽致,他喜欢工作,把工作看的比生命都重要,这可是3号和8号共同的特征;而且,有时候他也内向、情绪化、任性等，这可是4号性格的特征，除了拥有8号性格的特征，还有3号和4号的性格特征。所以说，一个人的性格有时候并不是单一的，可能是双重的或者多重的，只不过其中有一个主导性格，其他性格只是附属性格。每个性格号码都有自己的主体导向，像1号是以对错为导向，2号是以爱为导向，3号是以成就为导向，4号是以浪漫为导向……除了在主体性格上的得分之外，在其他性格上的得分都表示拥有多少附属性格的特征。9个号码的特征分别如下（在以后的各章里有详尽的介绍）：

1号：规矩、标准、认真、黑白分明、守承诺、贯彻始终、守法、光明磊落。

2号：有爱心、重付出、有亲和力、温和友善、随和、婉转含蓄、慷慨大方、乐善好施。

3号：成功、自信、活力充沛、处世圆滑、积极进取、形象美丽。

4号：独特、浪漫、有艺术气息、易受情绪影响、爱幻想、对流行很敏锐。

5号：温文儒雅、有学问、含蓄、沉默内向、冷漠疏离、欠缺活力、反应缓慢、有深度。

6号：忠诚、谨慎、务实、有责任、重承诺。

7号：阳光、乐观、快乐、享受、活跃、热情、奔放、贪玩、好奇。

8号：天生的领袖、喜欢支配、控制、尊重权威、冲动、脾气大、有什么不满意当场发作。

9号：平和、耐心、包容、难以拒绝他人、不懂宣泄愤怒、温和、不喜欢与人起冲突、个性淡薄。

用九型人格判定一个人的性格号码时，除了所属的号码（称之为核心号码）之外，还有两个很重要的号码，那就是位于所属号码的左右两侧的号码（两翼号码）。很多人除了拥有核心号码的性格特征之外，还会有两翼的性格特征，左边的称为左翼，右边的称为右翼。比如，3号性格的两翼就是2号左翼和4号右翼，这两种性格类型同样都很感性，而且也很有想象力；再比如9号的两翼即1号右翼和8号左翼，他们都有一种陷入忘我状态的倾向，常常忘记自己需要什么，同时，他们也都很容易发脾气。

受两翼的影响，各种性格就更具有特色，即便是同一个性格类型的两个人，他们也是完全不一样的，比如一个偏向5号（精神追求型）的6号（忠诚不渝型）性格者，会显得比一般的6号更消极，疑心也会更重；而一个偏向7号（活跃享乐型）的6号（忠诚不渝型）性格者，则是一个充满快乐、很积极、很典型6号性，这种人很乐观，很坦然，但是还会保持6号性格中疑心重的一面。也就是说，每种性格都会受到两翼性格的影响，而且两翼中有时候只有一种性格可以成为主要影响者，无论怎么样，都不能忽视核心性格的两翼性格。

下面我再简单的阐述一下，你的老公有一个典型的性格号码，但是这个号码的所有特征不一定都能在他身人体现出来，因为生活在这个世界上的每个人，每天或是辗转于家庭、职场，或是游走于交际、应酬等，由于环境的变化，会或多或少地隐藏起自己的核心性格，表现其他性格，有可能身处逆境时的表现与核心性格不相符，也有可能在顺境中时某些东西与核心性格不相符。所以，每个人的身上总是还有一些其他号码的特征。因为，人不可能活得那么鲜明、那么典型，也不可能活得那样极端。

4. 请一定要幸福

《现代汉语词典》中对幸福的解释是：使人心情舒畅的境遇和生活。

雨果说："人生至高无上的幸福，莫过于确信自己被人所爱。"

亚里士多德说："幸福在于自主自足之中。"

每个女人都是天使，为了生命中的真命天子，不得已坠入凡尘，从无忧无虑的天使到柴米油盐的女人，一切皆是因为爱，所以我们一定要幸福。

生为女人，哪个不希望自己幸福？哪个又不想拥有幸福呢？当抱怨和责备越来越多，我们的内心已经被不幸福的感觉填满，没有任何空间来承载幸福。

是谁让你感觉到不幸福呢？是你自己？是你自己让自己不幸福、不快乐，因为你时刻都觉得自己很不幸，是天下最不幸福的那个女人。瞧，你都快成祥林嫂了，见了谁都对自己的不幸抱怨一通，不过都是芝麻小的事，像老公很不争气，好几年还是副处级干部；孩子不争气，考试成绩一次不如一次，让你觉得很丢脸；和远在千里之外的公婆因为三个子女谁该多承担一点生活费的问题而吵闹不止，不幸啊……瞧瞧，是你自己设置了幸福的障碍，是你亲手毁了幸福的心，剩下的只有不幸的躯体。想想吧，你的不幸真的有那么多吗？无论是老公、孩子，还是公婆，这些都不是你不幸福的根本原因，你不幸福的核心在于你有一颗不快乐的心，是你自己把烦恼置于内心，让自己沉浸在痛苦中，这样会快乐吗？能幸福吗？

女人，就应该是幸福的主载体。婚姻让我们从女孩到女人，开始融入一个陌生的家族，我们难免会手忙脚乱、不知所措，被生活的琐碎磨走了激情，我们理直气壮地认为是这些客观的外在事情折磨着我们，无情地把我们的幸福给夺走了。女人啊，你的这种想法太主观了，客观事物是永远存在的，就像你不能因为白天看不到星星而否定星星的存在，也不能因为你目前到达不了珠穆朗玛峰的顶峰而否定它存在的事实。话说回来，你嫁给你的丈夫，他的家族一直存在，这是你无法改变的事实，你没有能力去扭转这个家族或者丈夫二三十年形成的性格，那为了自己的幸福，就改变自己吧！看看聪明的女人是怎么做的，她会用尽自己的聪明和智慧把各种事情和各种关系打理好。

前不久，远在家乡的一个发小给我发了一封邮件，诉说了她现在的苦闷，邮件内容大致是：

曾经我一度憧憬过上幸福快乐的生活，可是生活好像欺骗了我，我一点幸福的感觉都没有。每天活在极度郁闷和痛苦之中，这种感觉越来越强烈，把我的身体也折磨得越来越坏了。每次看到镜子中憔悴的面容，再想想不如意的生活，我真是痛恨，为什么我如此的不幸？我越来越觉得我就是那个最不幸的女人。本来想着和老公去度假散散心，可十天的新马泰之游并没有给我带来快乐和幸福，我依旧处在极度郁闷中。我时常在想：幸福到底是什么？我为什么总是碰触不到它？……

我立刻给她回复了一封邮件，没问她具体发生了什么，只是告诉她：幸不幸福和外界一点关系都没有，关键在于自己的内心。如果内心很压抑、很气愤，即便去了天堂，到了世界上最美丽的地方，依旧不会幸福、不会开心，心情也仍会继续沉闷。相反，如果内心本来就很幸福、很快乐，就算身处偏僻的山村，也会觉得其乐无穷。也就是说，一个人是否幸福，不在于她周围的环境，而是由她的心境决定的……无论发生了什么，请你一定要幸福！而且还要活得美丽，活得健康，活得自在。

隔天，我就收到她的回复，只简单地回了一句话：谢谢！我一定要幸福！

一个月后的某一天，我又收到来自发小的一封邮件，内容很简单：幸福就在我身边，是我亲手设置了自己的不幸，没有用心去感受现在的幸福。当我静下心来用心去感受的时候，原来我是幸福的，我也一定要幸福……

婚姻生活，是我们生命中最重要的一部分。一个男人和一个女人相爱了，便有了婚姻。理想的婚姻总是充满幸福而且一帆风顺，但现实的婚姻则总是各有各的烦恼和不幸，因为夫妻之间很容易产生各种小摩擦，这些小摩擦就是阻碍婚姻幸福的障碍物。如何处理这些小摩擦，还真是一门学问。但女人要明白一件事，那就是：请你一定要幸福，为了收获幸福，你可以去清除一切阻碍幸福的因素。

一个女人能否获得幸福，主要取决于你是否有决心，如果没有使自己幸福的决心，又怎么会成为幸福的人呢？正如亚伯拉罕·林肯所说："人类的幸福指数与其决心程度成正比。"所以，想拥有幸福的话，就需要时刻保持一颗追求幸福的心。

幸福就是一种感觉，和父母一起吃饭、散步是一种幸福；和相爱的人在一起，哪怕是粗茶淡饭也是一种幸福；和知心朋友畅谈心事是一种幸福……这些幸福就在你的身边，请你睁开慧眼去把握和珍惜，怀着期盼的心情等待新的幸福。

请一定要幸福！

○类型

完美无瑕型

○简介

这种性格的老公是典型的完美主义者,他公平、正直、讲信用、有责任感,凡事有自己的原则、标准、秩序,对人对己都有很高的要求,几近挑剔,尽管他很难搞定,但都是出于爱和关心,他希望自己的配偶能够更加完美。

○关键词

公正,诚实,讲信用,认真,是非黑白分明,完美,挑剔,吹毛求疵,循规蹈矩。

○使用时注意事项

他一生都在追求完美,他希望自己是对的、好的、诚信的、完美无瑕的,他严律己,想把每件事情都做好,每天总会觉得自己有干不完的事,他很难清闲下整日忙忙碌碌,这就需要做妻子的适当的帮他调整作息。另外,他最怕不被别接受,怕被否定,也怕自己犯错和变坏。所以,做妻子的更要多关照一下他的情,理解他,揭开他情绪背后的秘密所在。

Chapter 2 完美无瑕型老公

1. 做他的101%完美妻子

对于完美型性格的人来说，他要求这个世界是100%的完美，起码在他的内心不允许出现1%的不完美。

我曾在一本杂志上看到这样一个故事：有个人想在家里挂一幅名人字画，于是请邻居来帮忙。邻居把画摆扶在墙上，主人正准备砸钉子时，邻居说为了防止钉子把墙弄坏，还是找两个木块儿，把画直接挂上面。他觉得邻居说得有道理，于是就找来了两个木块儿。当准备钉时，邻居又说应该把木块锯得小点儿。也对，于是他找了个锯子准备锯时，邻居说还得把锯子磨一磨。所言极是，于是他又找来一把锉刀正准备磨锯子的时候，邻居说锉刀没有把柄不能磨。于是，这位邻居去附近一个灌木丛里寻找小树来制作把柄，当准备砍小树时，他又发现那把生满老锈的斧头实在是不能用，就找来了一把磨刀石，为了固定住磨刀石，还得制作几根木条，这种活儿只有专业的木匠才能干得了，于是，他又出去找木匠去了……不过，这一走，他一天都没回来，最后，主人自己找了一个钉子把画钉在了墙上。当他晚上再次见到这个邻居的时候，发现他正在和一个木匠搬着一台沉重的电锯。

故事中邻居的完美主义虽然有点夸张，但它却说明了一个完美的男人总是希望自己的一切都是100%，这样他才会觉得OK，哪怕只有99%，他都会否定。

一个朋友讥笑一个从事饭店主管的男士，说他习惯于站在饭店大厅的一边，审视每个女服务员有没有把蝴蝶结系端正、每一幅画是否放正、醋和辣椒摆放的位置是否正确，以及每把椅子有没有摆放到位。然后他回到家里，目光一扫，你可以想象会发生什么——他能看到墙角东倒西歪地放着几个昨天喝的饮料瓶、茶几上放着吃剩的水果皮和果核、沙发上的靠垫儿杂乱无章地放着……天哪，在他眼里，绝不允许看到一张皱皱巴巴的钞票，如果有的话，他马上会用蒸气熨斗把这些钱熨烫平整……他的眼里，这个世界应该是个100%的完美世界，不能出现半点儿瑕疵。

一位女士说："我的丈夫想把房子重新粉刷一遍，他认为只有自己才能做好这件事情，所以从不让我插手。房子看起来是非常的陈旧，他开始把地板砖一块一块地擦亮，把窗户和玻璃一点点地擦干净，把墙慢慢地粉刷成白色，让破旧的家具都焕然一新……这件事情他自己干了整整将近一年的时间，没有让其他任何人帮忙，就连粉刷墙壁，他都没请粉刷工。房子被他收拾得很温馨、很漂亮，但我们却要搬家了，不过房子多卖了不少钱，这都归功于我的丈夫，因为他的细心、他的认真才使房子卖了个好价钱。"

以上的这些人都是典型的完美主义者，他们非常注重细节，力求把每件事都做得完美，于是就陷入了完美主义的思维方式。他们也常常这样告诫自己:绝对要这样,绝对不能那样。他们追求完美就跟“洁癖”一样,明明很干净了,却仍然觉得脏,他们总是认为把事情做到100%完美才是最优的。

100%完美对这种类型的老公来说是非常重要的,如果你的老公是正当的、不过分的完美主义倾向的话,那我们完全可以接受他,努力做得比他要求的还要好,他的世界有100%的话,那我们就给予他101%,相信这样的妻子肯定会给老公带来一份喜悦,让他对你刮目相看,并且跷起大拇指称赞你:老婆,你真棒!而且也只有这样的妻子才能征服这种类型的老公。

很多女人在面对这种类型老公的时候,生怕他们要求过于严格,实际上,大部分女人天生就有一种细心、细腻、认真、追求完美的倾向,做这些细节性的东西都很有自己的一套方法。即使天性并非如此,为了家庭的和谐和安宁,聪明的女人也会努力做到101%,尽力去超越他的100%。

2. 主动妥协，让婚姻更和谐

世界上的事千奇百怪，世界上的人也是形态各异，这主要是每个人的性格、价值观的差异所造成的。像1号性格的人如果发现别人与自己的意见、认知、观点不一致的时候，他会据理力争、软磨硬泡，非要让对方说个清楚，如果对方说不明白的话，他大有绝不罢休的势头。

这种类型的男人就有这么一个特点，发现别人有意指责或者批评他们，他们自然是接受不了别人的批评，因为他们是“挑错专家”，一直以来都是他们挑别人的错、批评别人，最渴望别人能向自己妥协，也最想看到别人的那颗懊悔之心。

我爸爸就是典型的1号，有一次他和妈妈聊天，妈妈向他抱怨道：“跟了你一辈子，你却对我一点都不好，你看看你是怎么对你妈和你妹的，你把对她们三分之一的好用在我身上，我都感激不尽了。哎，我的命怎么这么苦啊……”

没想到妈妈一开口，爸爸就像机关枪似的反驳道：“你说我对你不好？我哪里对你不好了？”从晚上吃完饭一直争辩到将近凌晨，“你说啊,我哪里对你不好了……”“什么事我第一个想到的不是你啊,就连出差我都想着给你带个什么小礼物,有时候甚至为了给你买到正宗的特产,我都会跑遍整座城市……”“当然了,有时候我可能会顾此失彼,但这并不能代表我对你就不好啦……”爸爸始终喋喋不休地围绕着这个话题,把陈芝麻烂谷子的事都搬出来,用各种方式来证明自己对妈妈是多么的好,同时也在绞尽脑汁地反驳和批评妈妈的说法是错误的。直到妈妈说要睡觉了,他还是不依不饶,“不行,不能睡,这件事情一定要说清楚,我怎么对你不好啦?说啊,我怎么对你不好啦?”……两人都躺在床上了,只听见爸爸还在“逼问”妈妈。更好笑的是到了第二天早上,爸爸还时不时地来一句“我怎么对你不好啦?”如果不是妈妈的一句“好啦,我知道你对我好。”想必爸爸会继续为这个问题纠缠不休。

这就是典型的1号男人,他们受不了别人否定自己,他们接受不了别人对他们的批评,如果你不认同他的话,他内心就会有一种负罪感,这种痛苦的心理“逼迫”他非要把这个问题弄清楚为止。

这种类型的男人在单位也是这样的,如果领导对他说:“这件事你不对,你做错了。”他是不会接受的,他会说:“领导,这件事应该……”于是,领导找出理由证明他是不对的。不超过半个小时,他肯定还会找到领导。没办法,领导又一次证明他是错的。下班以后,他的电话还会追过来,“领导,今天的事是这样的……”他还在解释,还在为自己辩护,直到领导说:“这件事也许你是对的吧。”他才肯罢休。

这种类型的男人无论对任何人,他都希望对方能够向自己主动妥协,即使面对的是上司,他也会分清是是非非,直到看到对方有醒悟之意。

1号性格的老公,凡事都追求完美,而且也见不得别人去批评他或者给他提意见，只要有人稍微指出他什么地方做得不对，什么地方需要改进，他就会怒发冲冠，不仅把批评当成耳旁风，而且还反过来批评别人。我曾经问过他一个问题："你是不是特别希望看到别人向你妥协并承认错误啊？"没想到他竟然"厚颜无耻"地说："当然了，看到别人主动向我认错，我那个叫开心啊……"

这种类型的男人就是喜欢看到别人有懊悔之意，最希望能得到别人的认同和接受。更何况对于这种类型说话比较直接的男人来说，他凡事都要分个明明白白，谁是对的，谁是错的，一定要弄清楚。不过，话说回来，他认为自己就是完美的化身，所以他不喜欢别人批评自己，如果事实证明他是错的，他会毫不犹豫地承认错误，不过同时他的心里也会多一些强烈的自责，他会反问自己："怎么能做错呢？"这种类型的男人，虽然喜欢看到别人向自己妥协，但是这一定是建立在事实公平、公正、客观的基础上的，是就是，不是就不是，绝对不存在灰色地带，如果是在模棱两可的情形之下，他一定会把事实弄清楚，一点都不含糊。

一个小家庭里，哪有那么多是是非非，无非就是一些鸡毛蒜皮、不存在是非和原则的小事，对于一丁点儿小事都要弄清楚的老公，那就顺着他的意，向他主动妥协。也许你会说：如果样样顺从他，那自己岂不是受气的小媳妇了吗？这个问题我们且不作回答，先来问自己两个问题：你爱你的老公吗？暂时的妥协能让你损失什么？

当然你是爱他的，如果没有爱，那又怎么会和他步入婚姻的殿堂？因为一点小事暂时妥协一下，你会毫发无损。既然是这样，那为什么要将自己比喻成一个受气的小媳妇啊？又为何要和他一争高低呢？他喜欢争、喜欢辩，那就让他争辩好了，姑且让他一码、让他得意会儿（实际上，也谈不上让，因为家庭不是讲理的地方，是讲爱的地方)，这样对待婚姻就少了些许纷争，多了几分和谐。婚姻和谐的人总结经验说：恋爱时睁大双眼，看清对方的优缺点，结婚后睁一只眼闭一只眼，只要不是什么大是大非的原则性问题，那就能妥协则妥协，能容忍则容忍。

3. 容忍他的“穷”讲究，生活质量会更高

我朋友的老公就是一位按照规则办事的完美主义者，有一次去他们家做客，这位绅士不苟言笑，从头到脚穿戴得整整齐齐、干干净净，双腿并拢端坐在沙发上（这个姿势他一直保持到中午做饭，真是不简单啊），相反我的朋友却不修边幅——一件睡衣，一双拖鞋，躺在沙发上和我聊天，这和她先生形成了鲜明的对比。只听这位绅士不断地督促我朋友：客人来了，不要这么随意，换一件衣服去……

到了中午，这位男士迫不及待地给我们准备午饭，他穿上色泽分明的花围裙、戴上纯净的白色袖套，一切准备就绪之后，他才开始烧饭做菜，而且连筷子、汤匙都摆的方向一致、整整齐齐。吃过午饭后，只见他在旁边示范洗碗：先用少量的热水冲洗一遍盘里的油渍，之后放清水和洗洁精，彻底清洗干净之后，再用清水冲洗三遍，之后，这位男士又把碗筷整整齐齐地放进碗柜里，还不断的告诫我朋友一定要把东西各就各位，这样下次找的时候会方便很多。而且，他们的碗柜里分门别类的写着碗区、中盘子区、大盘子区、汤盆区等，朋友说这是她老公的

杰作。“他不喜欢凌乱，喜欢把所有的事物都归列的井然有序，就像柜子里的衣服，他都会分门别类地放好。至于他的鞋柜，永远都是整整齐齐的，而且每双鞋都被他擦得锃亮锃亮的。”

这位女主人一边低声向我抱怨，一边有点不屑地看着丈夫，“他就是穷讲究，一个大男人，像个娘儿们一样瞎讲究，这样有什么好啊？凡事非要规规矩矩的，有时候搞得我都不知道该如何是好……让我气愤的是他的早餐永远都是牛奶加面包，而我又不喜欢吃西餐，只爱吃中式的油条啊、豆浆啊、豆腐脑啊之类的，每次准备早餐，我都要准备两样。有一次，面包吃完了，头一天我也忘记去超市买了，我让他将就着吃根油条算了，他却偏不，还说油条不利于身体健康，宁愿饿着，结果那天早餐他还真没吃。我就纳闷儿了，偶尔吃一次油条又怎么了，再说又不是经常吃。他就是这样一个人，什么事都爱‘穷’讲究。”

朋友的老公是一个很严谨的男人，他的世界就是个百分百的完美世界，他需要一切事物都变得更加完美。所以，规则是他做事的标准，他不允许任何人来侵犯。他的这种规则自然有它的道理的，比如说，对于这种类型的男人来说，他永远都不会闯红灯，无论有没有设置摄像头，或者还是多么十万火急的大事，他永远都会遵守交通规则。尽管现在有很多人总想钻空子，只要有机会就会横冲直撞，这种类型的男人却不会。当然了，他也不会酒后驾车，因为这些事都是违章的事，是他潜意识里不允许违背的规则。

这种性格的人做人很公正、正直、廉洁，肯定不会有灰色收入。这再次证明了他的原则性和正直的人格。因为他总是希望自己是对的、好的，所以像吸毒、泡吧、赌博、嫖娼等不可饶恕的恶习都与他绝缘。

为什么要认为他是“穷”讲究呢？难道你希望你的老公有不讲卫生、不注意饮食健康、衣衫不整、邋里邋遢，而且还烟酒成性，经常出入酒吧、歌舞厅、夜总会等娱乐场所？他是脱离了你所谓的穷讲究，可却沾染上一大堆不利身心的坏毛病，你希望你的老公有这些粗俗的行为吗？能拥有这样“穷”讲究的老公，我们做妻子的应该感到庆幸，因为他在生活方面能很好地照顾自己，完全不用做妻子的我们来操心。不像有的男人，总是要妻子来提醒袜子脏了、衬衣脏了、被子没叠、鞋子乱放、少喝酒、少抽烟、多吃蔬菜等，就像对待孩子似的。这些事情对于1号性格的老公来说，根本就是小菜一碟，他们能轻而易举地做到。不仅如此，他还总会负责地监督自己的家人，谁没有保持良好的习惯，谁没有注意卫生，他会很严肃地告知和提醒对方……这些标准、习惯或者原则，对于某些女人来说是多么的求之不得，她们甚至试图改变老公的某些恶习，像喝酒、抽烟、打牌、不讲卫生、不洗衣服、不做家务等毛病或者不良嗜好。和这些女人比较起来，我们是万幸的，因为有一个“穷”讲究的好老公，为什么还要总是抱怨他呢？如果在你的眼里，这些习惯或者行为算是“穷”讲究的话，那只能证明一个问题：你不太注重生活质量，也不太讲究，不是一个很精致的女人。

既然按规则办事是他的习惯，那就不要认为是“穷”讲究，应接纳他的“穷”讲究，如果我们也朝着这个方向努力，那将受益匪浅。

4. 兑现你对他的承诺，赢得他的爱

承诺是一个人讲究诚信的表现，对于1号男人来说，他们讲诚信，只要向对方作出了承诺，他一定会努力办到。如果觉得自己办这件事的能力欠佳，他是不会随便给对方承诺的，这是1号男人对自己的要求，同时也是对别人的一种态度。当然，在婚姻生活中，他也会要求他的另一半同样能做一个诚实守信的人，哪怕是很小很小的一件事。他会认为既然承诺了就一定要做到，如果对方始终没有兑现承诺的话，1号男人会认为她是一个不讲信用的人，对方的身价在他心里便会大打折扣。这种类型的老公就是这样，他会信守于别人，当然也希望别人能信守于他，因为他认为不守信的人是不完美的，不是一个真正的好人。承诺是他生命里最不可缺少的一个词，他甚至会把"遵守诺言"作为他的座右铭，时刻告诫自己要做个守信用的人。

面对遵守承诺的丈夫，相信很多妻子们是深有体会，看看他们是如何要求自己和别人的，以下几位妻子是最有发言权的。

王女士说："我丈夫是一个特别讲信用的人，答应别人的事他会用

一百二十分的努力去办，如果办不好的话，他会自责，甚至吃不下饭、睡不着觉。有一次他去云南出差，有几个同事托他带些云南当地的特产，为了怕记错，他把每个人要带的东西和数量都一一记在一个本子上，尽管如此，他还是漏掉了一个同事的。过后他因为这件事一直自责和念叨了好久，认为自己办事不力，答应别人的事忘记了，是自己太马虎、不够细心。直到第二次又到云南出差，把上次欠同事的土特产一起补上，他才停止了唠叨。”

李女士说：“有一次，我儿子开家长会，老师要求两位家长都必须到，我和老公约好下午两点在某个地方见，然后他开车带我一起去学校。可是，中午一点临时开紧急会议，忘记告诉老公一声了，直到三点钟，我才匆匆忙忙往约好的地方赶。到了地方，老公对我一顿狠批：约好的时间是两点，你看现在都几点了，你怎么这么不守时啊？咱们今天可是去见儿子的老师，现在肯定是迟到了，一会儿怎么向老师解释，又怎么向儿子交代……我连连道歉，但老公还是一路念念叨叨，始终围绕着我的迟到，好像我犯了滔天大罪似的。更可气的是，直到晚上回家之后，他仍然念念不忘，说我是一个不守承诺的人、这样的人怎么能把工作做好、以后的人际关系怎么处理、别人还怎么相信你……就为这件事，他整整数落了我好几天，以后凡是约好的事，他都会提醒我好几次，以免我再不守时、再不守承诺。”

高女士说：“我老公是一个特别爱较真的人。有一次他获得了单位的年度先进工作奖，为了祝贺他，我答应送给他一个 zippo 打火机，这个牌子的打火机也一直是他的最爱。在商场连续逛了好几天，我觉得买 zippo 打火机有点不合算，主要是价格有点偏高，另外是它的外形不及其他牌子的好看。于是,我用同样的钱给他买了一个其他牌子的打火机和一条皮带,一下子给他买了两件礼物,心里乐滋滋的认为老公一定会喜欢的。没想到,我的好心他一点都不领情,说就喜欢 zippo 的,宁愿要一个 zippo 打火机,也不稀罕这两件礼物,最后竟然还说我抠门儿,就给他买便宜货……这件事他一直说了好几天,没办法,最后我又跑到商场和营业员编了一个很荒唐的理由,把给老公准备的那两件礼物退了,换成了 zippo 打火机,他拿到心爱的礼物时,阴了好几天的脸这才晴过来。"

如果你总是有不守时或者承诺的事办不到的情况出现,1 号老公可不会轻而易举地原谅你,对他来说,承诺就是承诺,是神圣不可侵犯的准绳,人人都该奉行不渝。你没有信守承诺,你就应该受到谴责和批评,这是 1 号男人坚守的原则。他们的谴责和批评,一是发泄心中的不满,二是希望对方能变得更加完美,三是认为对方应该对自己行为负责任,所以谴责和批评也就是理所当然的了。

对于你的承诺,1 号老公的记忆力总是那么好,什么时间、什么地点做出的承诺,他都记得一清二楚。不仅如此,他还始终扮演着监督执行的角色,会不断地提醒你该做什么、不该做什么,他的叮嘱和督促就好像早上叫你起床的闹钟,时间一到就会"快起床了,快起床了"的叫你。这种类型的老公就是这样,他喜欢遵守承诺,同时也希望你能像他一样遵守承诺。他自己如果没有遵守承诺的话,他不会原谅自己,对于别人的失信行为,他同样不能理解和原谅。所以啊,1 号老公的妻子对于承诺他的事一定要兑现,不然的话,你在他心中的印象会大打折扣的,更何况守信是一项优良的品质,我们这样严格要求自己又有什么不好的呢?

5. 百般挑剔的他，让你更出色

百般挑剔——顾名思义，就是过于挑剔别人的缺点，或者是过于严格地要求别人，对对方这也不满意，那也不满意，总喜欢挑对方的刺。

现实中的1号完美型男人就有这样的特征，用“鸡蛋里挑骨头”这句话来形容这种类型的男人最合适不过了。他们为了使自己或者别人变得更加优秀，常常不断地指出对方的缺点，或者指出他们自认为不足的地方，并且给予自设的一个标准或者原则。只要事情做得没达到他们的标准、违背了他们自设的原则，他们就会百般挑剔，好像没有一个人或者一件事是令他满意的。不过，他们最终的目的是想让事物变得更加美好，为了有一个皆大欢喜的局面，从这一点出发，我想我们是应该、也是可以原谅他的。

在一个家庭中，1号男人也表现出了他的严谨、循规蹈矩的性格特点，比如在挤牙膏时，他要求妻子或者孩子从最下端开始，不可以从中间挤；家里要整洁有序，不允许有杯盘狼藉的情况出现；衣柜里的衣服要叠得整整齐齐，而且上衣、下衣，包括内裤和袜子都要统统分开，如果条件允许的话，最好一种衣服放一个柜子……单从这几方面来讲，我们会认为1号男人是个好男人，对生活很严谨，是个认真生活、懂得生活的好男人。不过有时候，他们过度的挑剔有点让人吃不消，本来一件微不足道的小事，他都可以演化成一件大事，而且非要给对方指明，大有不说清楚绝不罢休的架势。这都源于他爱挑毛病的习惯，他会在不经意中用说教的方式警告对方，“我觉得你应该这样”，“你不可以这样”，这也是他们挑剔时的口头禅。“你今天穿的衣服和裙子有点不搭配，应该穿那件黑色的裤子”、“怎么这么笨啊，应该可以这样的”、“看你的腰围都快变成桶了，你应该去健身了”、“连柜子都不收拾，你作为女人太不合格了”……这些所谓的缺点在别人眼里也许根本就不是什么缺点，但是他却能拿到台面上来说事。

赵女士曾说：我老公太挑剔了，简直就是鸡蛋里挑骨头，有时候在公开场合无端地指责我，有些事根本就不值一提，但他却习惯挑我的刺，这太让我没面子了。一次、两次我都忍了，可是经常这样，太伤自尊了……有一次，一对朋友夫妇来家里做客，我只顾着给客人洗水果，忘了给他们倒水，他就开始像机关枪一样喋喋不休地批评我：“客人都来了，怎么不倒水啊？怎么一点待人接物方面的礼仪都不懂啊？”我当场满脸通红、气愤不已，但还是忍住了。不过可气的还在后面，我和朋友聊天的时候，他总是东一句西一句的插嘴，说我这句话说得不对，那句话说得没道理，在他的眼里，我就是一个不对的人……如果在没人的时候，他随便说说我，我也就忍了，可是当着别人的面……实在是难以忍受了，心想你让我下不来台，我也让你难堪。他指责我一句，我就还击他两句(她本来不是这种计较的女人，都是让他给“逼”的)，当时的他和在座的朋友以及连我自己都觉得场面挺尴尬的。朋友见状，借口孩子要早睡就匆匆告辞。哎！有时候看到别的夫妻说话那么默契，一唱一和，互相赞扬，心中真不是滋味……为了不使自己更加难堪，我总是避免和他出现在同一个场合，他反倒责怪起我来了，说我不懂得维护人际关系，我心想你总是挑我的刺，我敢和你一起参加朋友的聚会吗？这样的男人，真的不知道该怎么"对付"？

很多姐妹们在遇到这种让自己颜面尽失的情况时，心里肯定不是滋味，觉得太丢人、太没面子了，都会抱怨自己的老公简直太挑剔了，无论我们做什么，他都能挑出毛病。因为他们要求自己完美的同时，也希望自己爱的人是完美的。所以辩证地看一下，他们的批评实际上并无恶意，只是想让你更完美、更优秀，他们的出发点是为了我们。比如上例中的那个男士，他只是想让妻子在人际关系上变得娴熟起来，所以才心直口快地直接指出妻子的缺点。这也正是这种类型男人的特点，他们说话不会拐弯，看到别人身上有什么缺点或者毛病，他会直接地指出来，有时候甚至不分场合。不过，他们的本意和出发点都是好的。之所以会百般挑剔，都是因为爱，希望女人变得更加出色。他们挑剔一个女人，并不代表他真的要否定这个女人，他也不是没事故意找茬，当然他更不是想显出他的大男子主义风度而故意贬低女人，他是真心地希望女人能更加完美，只是方式上有点欠妥，这是性格使然。所以，姐妹们不要误解他的好意，也不要对他乱加指责。

也许姐妹们会说：他能对我提出好的建议或者指导，我当然是不会反对的，但是他这种毫不留情地指责和批评真是让人难以接受……嗯，这种方式的确很难让人接受，尽管有时候是善意的批评，这就需要姐妹们动动脑筋了，如何把看起来是百般挑剔的方式转变成一种充满爱意的方式呢？

对于老公的百般挑剔，做妻子的不能以牙还牙，更不能以其人之道，还治其人之身，只有愚蠢的女人才这么做。聪明的妻子只会更感激老公，因为她了解老公的性格，知道老公之所以这样百般挑剔全都是为了让自己变得更加出色。只是老公的方式实在是有点极端，有点让人难以接受。想“对付”这种类型的老公，你不妨直接告诉他：在外人面前批评我，我会很没面子，会下不来台，我知道你是为我好，但我有什么毛病或者缺点，你可以私下里告诉我……让他明白，你认可他对你的爱，只是不能接受他的这种方式，这种直接的沟通会使他明白这种做法是欠妥的。他认识到自己的这一缺点之后，为了你，也为了让自己变得更加完美，他是会接受你的忠告的，而且会更加努力使自己做得更好，因为追求完美是这种类型男人最为重视的。

总的来说，你要站在一种客观的角度去理解老公，虽然有时候他对你过于挑剔和刻薄，但都是出于爱，看在爱的份儿上，我们还是原谅他吧！当然了，你也可以利用你的聪明和智慧来影响他，潜移默化地引导他，相信完美无瑕型老公肯定会改变自己不够完美的地方。

6. 消除他忙碌的身影，带着他去休闲

这类性格的人总是活在自己完美的世界里，事事追求高标准、最完美，这个世界本来就是一个不完美的世界，所以完美的人他会努力让他所看到的世界尽量完美起来。无论在工作中还是在生活中，他们总是身兼数职，善于处理各种事情，扮演各种角色——工作一丝不苟，是下属眼中事必躬亲的“好”领导，上司眼中做事认真、细心、有目标的好下属；生活井井有条，是妻子眼中事无巨细、极其严谨的老公，孩子眼中的严父……总之，他们会把每个角色都做得尽善尽美。这样的他们活得太累了，但他们却乐此不疲，还总是告诫自己：还不够完美，还要再加一把劲儿。而且他们对自己或者别人的表现也总是不满意，“我不做谁做”、“还是我做更好”，这是1号类型男人的口头禅。他们总是强迫自己追求完美，这样的他们给予自己的压力太大，当然，就很难让自己尽情地放松去玩。因为他们总是不愿脱离原则，时刻想着自己应该怎样做才算完美，却很少能享受到生活的乐趣。在他们的观念里，永远信奉“先工作、后享乐”的理念，即使是去享乐、去玩耍，他们也会有

一种负罪感,甚至会觉得自己很没有责任心。

在妻子素素的眼里,丈夫大力永远都有忙不完的事。刚谈恋爱的时候,为了追求素素,大力还能抽点时间陪素素去游玩,不过这也是在素素的“强迫”之下进行的,而且即使是在休闲玩耍的时候,他也念念不忘自己的工作,经常是边心不在焉地玩耍边打电话和同事沟通工作,看得出,他的心思根本不在游玩上。当时,素素认为男人注重工作说明他有上进心,这也不是什么坏事,所以,对于大力如此疯狂的工作作风,素素也并没当回事。可是结了婚以后,大力的这种工作狂作风就更加明显了,晚上加班是常有的事,每每回到家都是披星戴月、疲惫不堪。即使是周末,他要么是在办公室加班,要么是把工作带回家。可以说,大力把自己的大部分时间都奉献给了工作。即使是偶尔有点休息的时间,他也不会让自己尽情地放松一下,而是总处于一种忙碌的状态之中:擦拭地板、清洗衣物、整理内务……在他的眼里,总有干不完的活儿。从早上六点起床,大力就有一大堆计划的事要去做,他也习惯于给自己列出一个计划清单:今天上午 9 点要去拜访一个客户;中午 11 点要给下属开会;下午 1 点要给上司汇报工作;下午 3 点要和财务核算一下这个月部门的业务回款情况;下午 5 点要整理一下业务相关资料;加班 1 ~ 2 小时;晚上 9 点到家,看看孩子今天的作业情况;晚上 10 点总算可以放松一下了,可看到地上掉了一些面包屑,晚饭的碗还没刷,真烦啊,继续干活儿……从早到晚,大力都把自己的时间安排得满满的,好像地球离开他就不转了似的。只要看到哪件事不顺他的心,他就会边生气边努力地把事情做完,而且还要做得更好,努力让和自己相关的人、事物变得更加完美起来。这样的大力每天都是板着一个脸，生活根本谈不上情趣和快乐。

大力的生活和工作就像紧绷着的一根弦，每天都有干不完的事情，把自己弄得筋疲力尽，努力让一切都变得更加完美，这是他的性格使然。上面我们已经说过了，这种性格的男人总是给予自己太大的压力，他们往往有疯狂的日程计划，想把每件事都做好，却忽视了一些基本的快乐。但是凡事不能太过，到了一个极端，就会往另一个相反的方向发展。像压力过大时，会产生紧张、敏感、焦躁不安、忧虑等；在心理方面，会产生注意力不集中、判断力变差、记忆力减弱、失去自信心等；在生理方面，则会出现失眠、血压升高、消化系统不良、全身酸痛等；在行为方面，会出现抱怨、争执、挑剔、作息混乱、坐立不安等。可见，压力过大给身体造成了多么大的影响。所以，一个人不能给自己太大的压力。

看着自己的丈夫这么兢兢业业、一丝不苟、埋头苦干，这么高标准地要求自己……无论在生活中，还是在工作中，都充满了他忙碌的身影，就像一个连续工作的机器一样，有时候就是连眨一下眼睛都是一种奢望。他们把自己沉浸于忙碌里，不让自己放松，这是他们的一个性格特征。他们只会要求自己去做更多事，以力求完美，从不会主动让自己舒展和放松一下，看到他们如此“自虐”，做妻子的我们肯定会担心他的身体、他的健康，想替他们分担一下。我想最好的方式就是带着他去休闲，让他从繁忙的工作和生活中彻底的解脱出来，好好地放松一下自己。

带着你的老公去游玩，用充满童真的心态去玩耍，将他从重重枷锁中释放出来。当然，也许你的老公有日程计划的习惯，那不妨建议他在日程计划表格中，写入一些游戏和玩乐的项目及时间，比如说规定他每天晚上8点以后到附近的公园散步1个小时，周末时三口之家出去游玩，如爬山、打球、逛街等。另外，可以把生活演绎得更加富有情趣，比如老公回到家，就放一些轻松的音乐；可以和老公聊一些比较幽默轻松的话题，但绝不能谈公事；也可以邀请三五好友来家里小聚，和朋友们一起谈谈心、聊聊天……总的来说，不要让老公把自己搞得那么累，要让他彻底地放松，而且要让他明白兼顾一切、八面玲珑、面面俱到会让人身心俱疲；劳逸结合，健康地生活，这才是生活的本真，让他认识到生活可以这样过——快乐而惬意，相信这种快乐的情愫是很有感染力的。最后，你不妨直接告诉他，紧张忙碌的状态会让全家人的心情都陷入一种沉重的氛围当中，这不是家里人想要的生活，家应该是一个轻松的、有活力的地方。让你的老公彻底地认识到他的这种状态已经严重影响到家里人的情绪了，鼓励他走出忙碌的生活，让自己放松一下，不仅自己得到了短暂的休闲，也是对家人最好的回报。

Chapter 3 追求真爱型老公

○类型

追求真爱型

○简介

如果付出了爱，又能得到爱，这种类型的老公会显得特别富有同情心，并且会完全忽略自己的需求，无条件地付出；反之，他则会变得蛮横无理，对人有过分的要求，甚至采取极端的方式。

○关键词

感性，热心，友善，专情，敏感，真情，保守，忽视自我，喜欢帮助别人。

○使用时注意事项

这种类型的老公最大的渴望就是奉献爱，能和爱人互相拥有，心心相印，不
不弃，他们害怕不被爱，失去爱，被伤害，对方不够真诚、不够用心。所以，作为
类型的老公的妻子，要付出自己的真爱，让老公感受到你的浓浓爱意、丝丝
，在乎老公的感受，这是对老公最好的回报。因为拥有爱是这种类型老公
的需求，做妻子的就要尽量满足他。

1. 有着感性的一面，也不乏仗义和善良

一般来说，感性是女人的专用词，看到花开花谢会感慨一番，看到云卷云舒会伤感一气，生活中的大事小事在女人看来都是那么的感性。实际上，有一部分男人甚至比女人还要感性，电视剧演到动情之处，他潸然泪下，被剧中主人公的行为所感动；看到沿街一些举着牌子需要10元、20元购买车票的孩子，他会慷慨解囊；更要命的是他的汽车里居然放着许多布娃娃……这么感性的行为，如果是一个大男人所为会被嗤之以鼻，尤其是女人会用一种怀疑的眼光看待他，怀疑他还是不是男人，因为在她们的意识里只有那些粗犷豪放的才是爷们儿，却不明白细腻的男人也是好男人的道理。

拥有细腻感性的一面，就是这种性格男人的特征，他们对待朋友、对待爱人用心至极、用情至极，这也突显出他们追求真爱奉献型的特征，他们会认为这个世界是充满爱的，他们也愿意献出自己的爱心和善良。当初女人嫁给他，正是因为他的善良和仗义，但是这也成为女人和他闹矛盾的原因。女人因为他的善良和仗义喜欢他，却不允许他把

这些美好的东西无私地奉献给其他朋友、亲戚，这都是女人的小心眼在作祟。

志芳向心理医生说："实在是受不了了，他把家里的另外一间房子让他的一朋友住，说是他之前欠过他朋友的哥哥一份人情，现在想借此还个人情。真是可气，他这朋友一点都不懂事，半年来一分房租都不交，要知道我们夫妻俩也是租的房子，这样也就罢了，还在我们家混吃混喝，实在是有点心里不平衡，我为我的丈夫做饭那是心甘情愿的，可是一个外人，我凭什么既给他交房租又给他做饭啊？我又不是他的保姆！"

志芳继续向心理医生抱怨："因为这件事，我对我老公抱怨了好几次，可是每次老公都说他这个朋友现在工作不稳定，连女朋友都吹了，在最难的时候，我们应该体谅他。刚开始我还能接受，可是后来，我发现老公的朋友并不是像他说的那样工作不稳定、生活状况混乱，事实是他的工资很高，可是他为什么缠着我和我老公不放呢？"志芳越说越生气："怕老公没面子，我不能直接把气撒在这个朋友身上，于是，我就处处和老公作对，希望他能早点把他朋友赶走，因为这个朋友已经严重影响到我们的生活了……"

志芳说得口干舌燥，趁着她喝水的间隙，心理医生问道："这么说，你是对你老公这个朋友有气还是对你老公有气？"

"嗯，应该是对我老公，如果我老公不那么大方的话，把我们的生活状况告诉他这个朋友，他这个朋友也不会赖着我们的。"志芳情绪还是有点激动。

"那就是说你老公是一个很仗义的人了，我相信这也是你当初嫁给他的原因之一。"心理医生一语点破。

"我当初的确是因为他的善良和仗义嫁给她，可是……"

实际上，志芳的老公是性格很鲜明的人，这种类型的老公很感情用事，也不乏仗义和善良，他们不希望别人受到伤害，有时候会无限满足别人而委屈自己，相信能拥有像他这样的朋友还是不错的。但是作为他的妻子，曾经的那个男人就是因为善良和仗义而吸引自己，可是他的善良、他的仗义，却又变成夫妻间感情的一大障碍。

经常听到女人的抱怨声，"他太大度了，每次和同事出去吃饭，他总是抢着付钱，还说同事老婆生孩子了，生活上比较困难"、"他朋友向他借钱，家里没有现金，他竟然没和我商量，把家里预备给儿子上大学的一个定期存折爽快地交给他同事了"、"当初嫁给他就是因为他的善良，在公交车上看到一个小孩子手流血了，毅然地把我包里的新手绢拿出来给孩子包扎上，可是，这也是我现在忍受不了他的地方，他也太博爱了，对谁都如此，好像自己是救世主一样"。这种抱怨像蚊子声嗡嗡地充斥着我们的耳朵。静下心来想一想，如果他不具备善良和仗义，你还会不会嫁给他？答案肯定是否定的，既然把这个优点作为嫁他的理由，那么就把它一直作为他身上的一个优点，不要因为婚姻的尘埃落定而选择抱怨，进而把它转化成一个不可饶恕的缺点。

对待这种感性且又仗义和善良的老公，做妻子的该怎么做才能让你们的婚姻生活持续升温？可以参考以下的几个小建议。

第一，摆正心态，不做狭隘的妻子。想一想你当初嫁给他的原因——无非就是觉得他仗义、善良。这些在你曾经看来都是优点，为何现在却不能容忍他的这些特点？老公还是那个老公，只是你的狭隘和小肚鸡肠在作怪。你只允许你的老公对你善良、对你仗义，却不允许他用善良和仗义对待别人，这种想法本来就是自私的。想一想，如果你老公对你善良、仗义，对别人却极其的冷酷、小气，这两种极端的表现堪称伪君子，你肯定不希望你的老公成为大家公认的伪君子。所以，对待这种性格的老公，一定摆正自己的心态，对他宽容一点、大度一点，欣赏他的这种特点。

换个角度想一下，如果你的生命或者生活受到威胁，他同样会表现出他善良的一面，他甚至会义不容辞地为你付出一切。曾经有个很仗义的朋友，借了将近 20 万给他老婆治病，从那以后，他注定要背负着外债度过他的后半生，这对于一个家境并不是很富裕的男人来说，已实属不易。但他却能做到，这就是这种性格男人的典型特征。

第二，不争吵，心平气和地告诉他真实情况。就像上例中的志芳完全没必要和老公吵架，要知道吵架不仅于事无补，还伤害感情。作为妻子应该给予理解。当然，如果他表现得过于仗义，甚至超出常人所能接受的范围，这时要心平气和地告诉他真实的境况，让他自己做出判断和选择，相信他是不会过于冲动而失去基本的理智。

这种类型的老公就是因为他的善良和仗义变得更加可爱，也更值得妻子所爱。作为妻子，要理解接纳你的老公，即使他的行为让你无法理解，也要心平气和地去处理，不要用争吵来影响夫妻间的感情。

2. 如果爱得不到满足，他会用一种特别的方式来宣泄

这种性格的男人总的来说是爱的化身，爱占据了他的整个世界，他就是为爱而活，为了爱，他会义不容辞地奉献自己的一切，甚至包括自己的生命。在他的心中，最向往的婚姻模式就是彼此拥有，希望和对方形影不离，如胶似漆。如果生命只剩下一天的话，他希望能和他的爱人厮守在一起，深情地看着对方，回忆恋爱时的美好时光，发誓即使生命结束了，在另外一个时空也要相伴左右。

每个人的精神追求不同，像有的男人狂热追求事业，有的男人疯狂迷恋知识，但感性的他却只希望能和自己的爱人在一起，但这并不排除他对事业的追求或者是对知识的热爱，只是绝不会痴迷到一定程度。爱已经融入他的骨子里了，对他来说，他把自己的爱都给了对方，当然也希望对方对他同样如此，如果他的爱没有得到满足，对爱痴迷的他会采取一种很极端的方式，比如偷看对方手机短信、不许和其他男人说话、下班后尾行盯梢、提出分手便拿刀自杀……如果出现这种情况，说明他的心理已经严重的失衡了，他在用这种特别的方式告诉

你:请给我一点爱,我受不了了,我不允许别的男人介入,你为什么这样对我……这只是他宣泄爱的一种方式而已。

慧慧和张刚的婚姻生活已有五年,在慧慧的眼里,张刚什么都好,就是对她与别的男同事或者男性朋友在一起相当不满。刚开始,慧慧以为是张刚太爱自己才变得这么敏感,所以也没怎么在意,只是还张刚一个妩媚的微笑。谁知道张刚从最初的敏感逐渐演变为歇斯底里,这让慧慧有点吃不消。

有一次,慧慧因为应酬回家稍微有点晚,没想到就成为他们吵架的导火线。本来慧慧已经很疲倦了,只想躺在老公的怀里休息,没想到张刚一脸的铁青,看到苗头不对,慧慧也懒得说话,就去浴室洗漱。当她冲完澡从浴室走出来的时候,发现张刚正在手忙脚乱地翻看自己的手机,而且好像还在纸上记录着什么,慧慧拿起那张纸一看是一串串的电话号码,她气急败坏地向张刚大喊……像这样的争吵太频繁了,只是没想到张刚的牛角尖越钻越深,而且他气急败坏、蛮横无理地警告慧慧:"以后不许跟其他男人一起吃饭,不许对其他男人太过热情。"这让慧慧很是伤心。最忍无可忍的是他竟然千辛万苦地找到慧慧的邮件密码,偷看她的邮件内容,甚至下班后还跟踪慧慧,最后竟然发展到让慧慧辞去工作,一心只待在家里……慧慧实在是受不了,甚至都想到了离婚,她怎么也没想到曾经那么爱她的张刚怎么变成现在这样了,难道就因为自己和男性朋友在一起工作、吃饭,他就变得心理失衡了吗?他为什么变得如此的敏感、如此的极端?难道这也是一种爱吗?

案例中的张刚是典型的2号性格,他并不是不爱慧慧,只是他的这种爱过于执拗。这种性格男人的生活中,最不能缺乏的就是爱,他几乎把所有的注意力都集中到对爱的关注上，他不允许别人来侵犯他的爱，如果有别的男人进入到他的世界，他认为这是在横刀夺爱，他绝对要制止这种行为，所以他采取了行动，只是这种方式有点特别、有点极端。

他最希望的是能得到满满的爱，希望自己的爱人能专心地去爱他，相信他的爱是自私的，但自私的爱也是伟大的，女人对此一定不要怀疑，因为去爱一个人是他的权利。如果用离婚的方式来摆脱这个男人的话，这个女人一定不够聪明，她是在逃避现实、逃避问题，聪明的女人应该是想办法来解决这个问题，如何处理才能让婚姻更加幸福、更加美满。

当他表现得过于极端时，你首先得耐得住性子，尽管你心里早已是火冒三丈，但千万不要发作，因为这样只会让事情越演越烈。你要明白他之所以表现得如此极端和痛苦，是因为他害怕被你抛弃。这时，最重要的是抚平老公那颗不安的心，给他吃一个定心丸，告诉他，你爱他，你的世界里不能没有他，你是他的唯一。等他的心情稍微的平静下来之后，再慢慢地向他解释，虽然深爱彼此，但生活是有多种状态的，也是丰富多彩的，每个人都应该有自己的社交圈。你可以从以下两点做起：

第一，鼓励老公走出去。你得鼓励老公走出去，不能只活在两个人的社交圈子里，如果允许的话，你完全可以带着他去结识你的男同事或者异性朋友，让你们夫妻俩和他们打成一片，相信误会和疑虑会不解而散。比如说带着你的老公去参加单位聚餐，无论在哪个同事面前你都可以表现得活跃一点，让老公明白你的人缘很好，不是偏向于哪个男同事，这是一种正常的、自然的社交方式。

第二，邀请异性朋友夫妻来家里做客。如果你的老公做出这种出格的行为，无非说明他是个醋坛子，他不允许在你们之间有个莫名的男人出现，尽管是普通朋友，他也会醋意大发，甚至采取极端的方式，这充分体现了他对你的在意。作为妻子，你应该往积极的方面给予老公理解。当然，如果能邀请异性朋友夫妻来家里做客，也未尝不是一件好事，这么做不仅可以打消老公心里的疑虑，增强他对你的信任感，而且还能加强你与朋友间的感情。

做妻子的要明白，老公之所以会做出一些出格的行为，像偷看对方手机短信、下班后尾行盯梢、提出分手便拿刀自杀等，这并不是他的错，只是你的行为已经让他失去安全感了，只要稍微用点小技巧给他安全感，让他安心即可。

3. 痴情正是他与众不同的“幸运标志”

在各大论坛或者电视剧中，我们经常看到痴情女等待出轨的负心男回心转意，有的 3 年、5 年或者更多年地等待这个薄情寡义的男人，只是为了能与他天长地久……我们不得不惊叹，这些“傻”女人们也太痴情了，那些薄情寡义的男人未免也太无情了吧！是的，有一句俗语说：痴情女人负心汉。我们不排除女人对情感的痴情，但也不能说所有的男人都是负心汉吧。男人也有痴情的，有一种类型的男人他们对待感情就很痴情，他们对待爱人就很专一，这一点有时候不亚于女人，这就是追求真爱型的男人。在这种男人的眼里，他的女人就是他心中的唯一，即使别的女人再漂亮再妖娆他也不会多看一眼，他的眼角眉梢流露出的都是对心爱女人的爱和关注。尽管这个女人长相一般、身材一般、能力一般，可是在他的眼里，她就是他的最爱，也是他眼里最美丽的一道风景线。他不在乎其他，只在乎她的那颗心，他愿意与他的女人相守一生，为了心爱的女人他会不惜一切，甚至付出生命也在所不惜，她就是他生命的支柱。这种类型的男人就是典型的爱情动物，一辈子忠于爱情，事业、钱财对他来说都不重要，但没有爱情是不行的。当然，一个女人如果能得到这样一个男人一辈子的爱，一生足矣，还有什么遗憾啊？

什么是痴？痴就是对一个人、一件事情或者一段情感极度迷恋，是专注和投入。欧阳修的"人生自是有情痴，此恨不关风与月。"这句纯美的诗句确也极富哲理，之所以痛苦，那是因为有情有爱，这样的人生也来的快意。不过痴情的一方往往付出的感情和精力要多一些，同时受到的伤害和委屈也会多一些，就像2号老公，他们对妻子过于痴情，如果得不到妻子的回应，他就会倍感伤害。他的内心极度渴望女人能多多关注他，不要对他的爱熟视无睹。不过有时候女人却一点都不领男人的情，认为他这样做就是应该的，她接受他的爱也是理所当然的，更有的女人认为老公的过度痴情肯定是对她有所求。总之，女人对男人的举动是怀疑了又怀疑。

王娜在结婚之前曾一度犹豫要不要嫁给眼前的这个男人，他多金、能干、热情有活力，最重要的是对王娜特别专一、痴情，绝没有那些纨绔子弟的花花肠子。这么优秀的一个男人，却偏偏让王娜遇上了，天下还有这等美事？刚开始王娜还是挺高兴的，觉得也许是月老眷顾她才对她如此厚爱，但是后来越想越害怕，自己是这么的普通：普通的长相、普通的身材、普通的家庭，当然，更不是多金女郎。这个男人到底看上自己什么了？难道他只是寻一时玩乐，看漂亮姑娘看腻味了，想从灰姑娘的身上找寻点不一样的感情刺激？王娜陷入了极度的矛盾和困惑之中。但不管怎么样，还是先和这个男人处处吧，先看看他的表现。两年了，如果真的像王娜想的那样，那狐狸尾巴也该露出来吧，可是这个男人对王娜还是一如既往的好，这让王娜感动了，经过再三思索，王娜决定把自己的后半生托付给这个男人。都说男人婚前婚后两个样，所以王娜还是有点小担心，生怕他在婚后会变心。事实证明，王娜所有的担忧都是多余的。婚后的王娜有老公浓情的呵护，过得幸福美满。当问起老公到底看上她什么的时候，他总是说："我不在意你的长相和财富，只在意你那颗真诚的心。"

是的，这就是典型的 2 号男人，他们最看重的是真爱。为了爱，他们什么都不会计较。当他们对一个女人动了真感情的时候，其他一些外在条件都不是问题，他会越过一切阻碍来呵护这个女人的。

痴情正是 2 号男人与众不同的"幸运标志"，他们对待感情和婚姻非常专一，也相对来说比较保守和传统。他们是那种能够相濡以沫、长久过日子的好男人。一旦确定对方是自己的终身伴侣，他会使出浑身解数来讨好女人，并付出自己的真情、用自己的真心去对待对方，他甚至会根据对方的要求来塑造自己，完全忽视自我。所以，作为这种类型男人的妻子应该是幸福的，不要怀疑他的真心，更不要怀疑他的动机，他对你所做的一切都是真情流露。当然，一个好妻子不能只顾从老公那里不断地索取爱，更不能对他的爱抱着熟视无睹或者理所当然的态度。要知道，不管什么时候，爱是公平的，接纳的同时也要付出，这样才能得到持久的幸福，这样的感情才会永恒。实际上，这样的老公要求也很简单，你只要经常夸夸他，比如说："老公，你真好！"这么一句话就能温暖他的心；或者是做一些让他很舒心的事，比如，当他拖着疲惫的身躯下班回来的时候，给他一个热情的拥抱或者亲吻，这么简单的一件小事就会让他死心塌地爱你一辈子。

4. 强迫对方接受自己的好意，这也是他表达爱的一种方式

有一类型的人特别热心，也特别喜欢帮助别人。其实 2 号类型的男人就具备了这种特征，喜欢帮助人，包括爱人、同事、朋友等，他们在生活中总是不断地给予、不断地付出，不管别人有没有需要，他们都会显得非常热情，甚至会强迫别人接受自己的付出，大有不接受绝不罢休的气势。他会“自以为是”地认为别人是需要他的，别人是愿意且会欣然地接受他的帮助的，有时在别人拒绝他时，他都会认为对方是在和自己假客气。

在家庭里，这种类型男人扮演的角色也是一个非常热情的男人，他会对妻子倍加呵护，处处为妻子着想，询问她对大事小事的意见和点滴感受，生怕妻子受到一丁点儿委屈或者伤害，对妻子的关爱也是事无巨细。当然，对于一个女人来说，能拥有这么一位贴心且懂得呵护自己的丈夫应该是多么幸福的一件事啊！毋庸置疑，每个女人都希望自己的老公能呵护自己、关爱自己，可是男人的过度关爱、过度操心有时就变成了一种约束，会让女人有种被控制、被强迫和被束缚的感觉。

这种爱已经让人变得惶惑不已，这也是最让女人烦恼的一件事，因为女人既希望能拥有关爱，也希望能被理解和享受自由。但这种类型的好老公可不这么认为，他认为自己付出的就是对的，就是爱对方的，对方必须接受，如果对方不予接受的话，他会敏感地认为是对方不尊重自己的爱。面对这种类型的老公，很多女人都会显得手足无措，情急之中就会责骂他，但这种方式肯定不是最妥善的方法，这不，尚雨也遇到了同样的问题。

有一年暑假，尚雨的学校组织校员工云南十日游，带家属的，家属的费用一律半价。这可乐坏了尚雨，趁着这次机会，就当是和老公填补蜜月的空白了吧！

两人乐滋滋地跟着学校的团队开始快乐的云南之游了，期间老公对尚雨是照顾有佳，热了给尚雨递毛巾擦汗，渴了给尚雨递矿泉水，还时不时地叮嘱尚雨打好伞、擦好防晒霜，以免中暑……老公的认真和细心，受到了很多女同事的羡慕甚至是嫉妒，“你看你老公对你体贴啊，羡慕死我们了！”“尚雨，你真是有福气啊，老公对你这么照顾。”……听到别的女人夸奖自己的老公，尚雨更加得意了，对老公也是更加肆无忌惮了，完全摆出一副高高在上的公主姿态，好像老公对她所做的一切都是应该的。不过，老公对尚雨的姿态倒是一点都不反感，这让尚雨更是无所顾忌了。

凡事过了头就会适得其反，这种美好的感觉在尚雨的心里也只是短暂停留，她越来越觉得老公管的闲事太多了，比如说她和同伴出去吃小吃，老公一再要求要随尚雨一起去，理由是：这里人生地不熟的，怕尚雨走丢，而且尚雨见了好吃的就不要命，怕尚雨乱吃东西吃坏肚子……这明摆着就一个监工吗？尚雨心里实在是不爽，当即在众女伴前和老公吵起来，拉下脸呵斥道："你这不是限制我的人身自由吗？我和几个女伴一起去玩，你一个大男人跟着算什么啊……我又不是小孩子，不用你照顾……我简直无法忍受你了，每天就像一个犯人似的被你盯着……"尚雨越说越气，甚至有点歇斯底里，可是她却没发现此时的老公低着头，委屈的像个孩子嗫嚅道："我不是怕你出事嘛！"

我们不难看出尚雨的老公是个非常痴情的老公，他对待尚雨近似对待自己的孩子一样，生怕她有所闪失，而且面对一副高姿态的尚雨，他也不会表现出反感。按道理说能拥有这样一个老公是多么幸福的一件事啊！这不也正好符合了女人都想被男人当作女儿看待的心理了吗？的确是，女人希望自己的老公有时候像宠孩子一样宠自己，但女人希望的是宠爱，而不是受到约束，更何况女人只是偶尔想要扮演女儿的角色，大多时候更想扮演姐姐、情人，甚至是母亲的角色。

所以，对待这样的老公，女人有时候会感到反感，这种反感引来的出言不逊也会让男人受到极大的伤害，因为他会觉得自己的痴情正在遭受一盆凉水的泼洒，一下子凉到骨子里了。看到自己的老公受了这么大的委屈，想必女人也是不忍心的，痛恨自己为什么那么刻薄的去刺伤一颗火热的心？男人的痴情本是没有错的，这正是这种类型老公与众不同的"标志"，为什么不试着用温柔的话语去告诉他你是一个成人，成人是能对自己的安全负责的呀？让他明白这种过度的爱已经变了味儿了，这种无度的帮助已经让你感到不舒服了，这不是你真正想要的，你想要一种无拘无束的爱，过度的痴情和关照让你有点儿受不了。把这个信息传递给他，让他知道原因及你的感受，这样他们才明白:对你最好的帮助就是不要试图去帮你什么。如果他明白了这种过度的关照已经成为女人心里的一个负担,那么他就会给你一种你能接受、你会喜欢的爱,因为只有这样,他才会觉得没有辜负你对他的那一点点爱,喜欢付出毕竟是这种类型老公的特点嘛!

5. 赞美有多大，他的动力就有多大

我们知道这种类型的老公不管在公开场合或者私底下，都很容易去赞美别人、迎合别人并满足对方的需要。他们能看到别人的才华，却难以承认自己的才华，也就是说他们容易把注意力放到别人身上，从而忽略自己。他们所追求的是：得到爱人、同事、朋友的赞许，并且维护好彼此之间的关系。他们善于满足别人的需求，为的就是得到别人的认可或者赞同，而且他们每做一件事、每前进一步，都会想着别人对自己的看法，对他来说，别人越需要他、越赞美他，他就觉得越有价值。

雷雷在创作上特别具有天赋，有一次他写了一篇短篇小说，第一个读者就是他的妻子。妻子看了之后，觉得老公雷雷简直就是一个大才子，并且鼓励他把这篇小说投给杂志社。雷雷一开始很是置疑，"写的真的好吗？你真的喜欢吗？杂志社会发表吗？"他总是不相信自己的才华，在得到妻子的再次肯定之后，他就抱着一线希望给杂志社投稿了。没想到，这篇稿竟然得到编辑的好评和认可，而且编辑还鼓励他写一些长篇小说，如果能达到出版要求，完全可以出版自己的小说。听了

编辑对他的鼓励和赞美，雷雷还是有点不相信，这难道是真的吗？

“我就认为你很棒，因为我从来没读过这么有感染力的文字。”“写长篇小说是个好主意，你肯定会成功的。”“为什么不去试试啊？”在妻子的支持和鼓励下，雷雷开始了长篇小说创作之路。没想到他写出来的东西立马得到了一个出版社的认可，并和他签约，以高版税买下他的小说。他简直不敢相信这是事实，他成功了！他对他的朋友说：“如果不是为了不让杂志社编辑的鼓励落空，不是为了不让老婆大人对我的期望落空，只是为了我自己的话，恐怕我很难取得现在的成绩的。”

别人的需求和赞美对雷雷来说是最大的动力，为了满足别人的愿望，他可以去做一切，尽管有时候他很难相信自己会成功，但是凭借别人对自己的信心，他会全力以赴的去做。这就是典型的2号男人所具备的特点，他们总是随着别人的思想、愿望、行为来约束或者放开自己。比如在家庭中，如果做妻子的总是对老公做的事不放心、不信任，有的只是谩骂或者不屑，“你怎么这么没用啊，我嫁给你真是倒了八辈子霉。”“你看你同学，人家现在是又买房又买车，在学校时他的学习成绩还不如你呢，怎么现在差距就这么大啊？”“你这种男人也太没出息了，就知道吃饭睡觉，整个一饭桶。”……无休止的数落和责骂，只会增加他的心理负担，无形之中，他会真的认为自己无能，就是一废物。因为这种类型的老公很容易受到别人观点的影响，他们的自信心也是完全建立在别人的评价之上，别人对他表现出一百分的信任，那他会用一百二十分的努力来回报别人对他的支持和赞美。如果别人只是一味地批评、指责、冷落他，他则会变成比别人眼里更差的一个人，他很容易受到别人的感染，“给他点阳光他就灿烂，给他点雨露他就滋润”，用这句话来形容这种类型的男人一点都不为过。

如果你想让你的老公成为什么样的人，那你就告诉他，他就是那样的人。我们常有这样的体会，如果有人总是说你长的不够漂亮，一次两次，也许你不会在意，三次、四次……更多的次数，你就真会认为自己很丑，曾经的那种自信心也慢慢地开始动摇了。这也许就是催眠和同化的效果吧！换过来，如果你总是说你的老公很有风度、很棒，多次之后他就会被你的观点所同化。反之，如果你总是说他没用、没出息，总是奚落嘲笑他，那他就更加颓废了，会真的认为自己无能，没出息了。

我的一个异性朋友就是典型的追求真爱型男人，他喜欢用心去帮助别人，总是主动地付出来满足别人的需求。如果朋友们要去外地玩，他会主动联系好大巴车及其他一切事项，还会买上一堆小吃、矿泉水来满足大家的需求，他甚至都不忘记给晕车、怕晒的朋友买好晕车药、防晒霜。和他在一起，我们根本什么心都不用操，只负责舒舒服服地玩耍。如果我们对他稍微有点鼓励或者赞美，比如“为我们把一切都打理好了，你简直太好了！”“你真是好男人啊，你老婆嫁给你真是她的福气啊！”这些赞美之词都会令他洋洋得意，而且下一次会做得更好、更出色。记得他曾经对我说过一句话：“别人对我的赞美有多少，我的动力就有多大，我就是为别人而活的。”能否得到别人的赞美对他来说是一件非常重要的事情。据说他老婆抓住了他的这一特点，遇到什么难事或者让他不自信的事，她总是会真诚地赞美他、鼓励他，他每次也会成功地渡过难关。

有点阳光他就会灿烂，有点雨露他就会滋润，他太渴望别人的鼓励和赞美了，近乎达到一种需求的状态，这种需求就如同一日三餐中的油盐酱醋不可缺少。

实际上，这种类型的男人有时候真的很脆弱，他们的自信心绝对是一件易碎品。当然，这也不足为奇，刚则脆、水则柔嘛！这件易碎品很容易被打碎，尤其是被女人打碎，有时候仅仅是女人一个鄙视的眼神、一个不耐烦的动作，就足可以使男人自卑得无地自容。当然，话说回来，男人的自信也容易被女人唤起，只要女人给他足够的赞美，更或者拉拉他的手，拍拍他的肩膀，跟他有一些身体上的接触，他就会认为你和他的心也近了，对此他会非常感动并且受到极大的鼓舞。

6. 有时候取悦别人并不是他的本意

这种性格的男人总是活在取悦别人而失去自我的影子里，为了能让别人高兴，他们会按照别人的意思来行事，造就别人、衬托别人，这样做会让他觉得很快乐。但有时候他们也会产生矛盾，那就是既想取悦于别人，又想跟随本身的意愿做事，在两难之中，他会陷入一种激烈的思想斗争中。不过，大多数这种性格的男人都会选择前者，把别人的心理需求作为自己最重要的事情。如果这种做法没有得到别人的认可，他就会认为自己付出太多却不被理解，天理难容，他会一度陷入消极悲观的情绪之中，甚至用抱怨、愤怒来表达自己的不满，这让他的心理严重失衡，认为付出与收获严重失调，自己就是最大的受害者。

这种类型的人总是顺从别人的意愿，而不予表达自己的意愿。记得有一次，我和我的一位男性老乡一起去饭店吃饭。服务员把菜单递给我们，我很客气地让他点菜，“你想吃什么呀？辣的还是不辣的，吃面食还是吃米饭？这家做的酸菜鱼不错，你喜欢吃吗？”

“无所谓的，你决定好了，我吃什么都行，看你想吃什么吧！”老乡只是微笑不再表态了。

我就没再催促他，因为我知道他总是这样，不会做出任何决定的，“吃湘菜也可以，吃川菜也可以；甜的也行，辣的也行。”这已是他的口头禅，所以我就养成了一种吃饭不怎么征求他意见的习惯，即使是征求那也是白费口舌，因为他的回答每次都一样。

一餐完毕，我发现有道菜还没上来，就提议把这道菜给退了，“反正饭都吃完了，而且他们这么长时间都不上菜，服务也太差劲了。”没想到老乡却说：“这样不好吧，点都点了，算了吧，还是别退了，一会儿上来我们直接让她打包……”听到这话我就晕了，不再听他的大道理，直接找服务员要求退菜，最终结果如我所愿。

从饭店出来之后，老乡还不断地和我说：“点了就点了，那道菜就不应该退，你把菜退了，饭店老板会为难服务员的，或者扣她的工资，或者开除她……”过了一会儿，他又冒出一句话，“今天中午也吃酸菜鱼了，晚上又吃了一次。”看来他对我今天点的酸菜鱼不是很满意，可点菜时他却始终不开口，只是一味地照顾我的需求。

不得不承认，我老乡就是典型的2号男人，为了取悦别人，满足别人的意愿，不惜违背自己的意愿。实际上，这些并不是他的本意，只是为了迁就别人。对于种无限制的满足别人的意愿，男人或多或少总有自己的想法，先看看这种类型的男人到底是怎么想的吧！

张先生说：“有时候，我很想做自己想做的事，但一想到自己那样做了，可能会让别人不方便、不舒服，于是就无奈地放弃了自己的想法。就像前几天，为了庆祝结婚三周年，我和老婆约好到附近的郊区做短途旅游，我本来想去度假村，既能品尝美味，还能泡温泉。但是老婆却坚持要去农家院，说是要体验一下农家院的生活，为了迎合老婆大人，我也只好委屈自己答应陪她去农家院，实际上我心里有一百个不愿意。”

李先生说：“有时候，我挺恨自己的，从心里瞧不起自己，也知道没必要让所有人都开心，都喜欢自己，可事情一到眼前，还是不由自主地去顾及别人的看法，怕被别人认为自己是一个差劲的男人。所以，我宁愿自己累一点、委屈一点，不惜违背自己的想法来满足别人的意愿。”

王先生说：“在单位里，我努力让自己和每个人都相处得愉快些，凡事都不和同事斤斤计较，有什么脏活儿累活儿也总是抢着干。可这样一来，我慢慢地发现，虽然表面上看起来我人缘还不错，但实际上很多人私底下常把我当靶子，我的大度和气竟然让人觉得我好欺负，难道我做得不对吗？在家里也是一样，老婆说她不喜欢做家务，为了让老婆高兴，我就主动承包起所有的家务活儿。越是这样，老婆越是肆无忌惮起来，而且觉得我干家务是理所当然的事情，对我更是指手画脚，一点都不给我面子。有一次，我妈来我家小住几天，老婆一会儿喊我做饭，一会儿喊我做家务，让我心里很是不爽。一气之下，我和老婆大吵了一架。当时老婆就惊呆了，因为我从来都很顺着她，她有求我就必应，可是这次的确是让我憋到了极限，委屈和不满一股脑的都发泄出来了。”

这类付出型男人有时候虽然表面上很乐意迎合你的意见，但他们的内心却在积蓄着对自我的一种憎恨蔑视或者是对他人的一种不满情绪，他们也会埋怨，也会厌倦，所以说，他们过度地取悦别人的行为有时候并不是他们的本意。

在家庭中，他们过度地取悦女人或者家庭中的其他成员，是不是我们肆无忌惮索求、不尊重老公的意见造成的呢？自然有这样的妻子，她们根本不顾及老公的意见和感受，只是一再强调自己的需求和观点，老公只有答应和取悦她的份儿。如果老公持反对意见的话，她会认为他没有把她放在心里，甚至对老公做出无理取闹的事情，比如摔东西、摆臭脸、不做饭以惩罚他等。要明白，这种类型的老公最见不得别人难过，要是看到别人不高兴的话，他们也会产生不安情绪，于是安抚、无休止地违背心愿满足她的要求，这本不是他们的本意，只是在妻子的一再逼迫之下，他们只能妥协。所以说，他们的过度取悦于人，是妻子一手造成的，做妻子的你为什么就不能体谅一下老公的良苦用心？为什么就不能怀着一颗感恩的心去感谢老公为你所做的一切？为什么就不能替老公分一下忧？为什么就不问问他此刻有什么需要？为什么就不在乎一下他们的感受？……总的来说，对待这种类型的老公，做妻子的一定要理解他、感谢他，不要抹杀他所做的一切，因为他虽然不在乎自己的需求，但是过度地付出也会让他心理失衡，特别是在他们显得情绪化、若有所思或急性子时，做妻子的更要温情、耐心地关注一下他的感受。

○类型

注重成就型

○简介

具有这种性格的男人特别专注于自己能否成功，他们太渴望成功了，甚至胜过一切。他们目标明确，为了能够取得成功或者成就，他们会不择手段。当然，他们的价值永远体现在鲜花、掌声和别人的赞美之上，不论是在什么场合，他们都喜欢出风头，喜欢“作”秀，像变色龙似的扮演各种各样的角色，为的就是得到别人的关注。

○关键词

自信，积极，充满活力，目的性强，有野心，讲话行为夸张，有虚荣心，喜欢当主角，虚夸自己，表演家。

使用时注意事项

这种类型的男人希望自己有价值，受欢迎，被接受，有魅力，出风头，得到人的艳羡，他们最害怕自己一事无成而得不到别人的认可，所以他们常常自己搞得的很累，作为这种类型男人的妻子，不仅要把出风头机会留给他，还要不动声色地帮他减轻思想上的袱，缓解他们精神上的压力。

Chapter 4

注重成就型老公

1. 他更需要你的光环照射，来获得他人的艳羡

曾经有人戏谑地将人分为三种：男人、女人、女博士。在部分男人的眼里，似乎学历高、能力强的女人，属于特殊人类，他们对这样的女人是避之不及，生怕娶了强于自己的妻子被他人所耻笑。但是这样的想法从来不会发生在3号男人身上，他们有时候甚至显得特别现实和肤浅，比如说在选择结婚对象时，他会要求对方最好有值得他来炫耀的特长，至于其他方面则显得并不重要，如果他想找高个子女人，则不管对方长相或者学历背景等方面，只要个子高就OK；如果他缺钱，那他就想找个多金的女人，就算对方各方面条件一般都无所谓；如果他是一个没有知识的暴发户，小时候没有读过多少书，那他肯定想找一个学历高的女人，当然了，如果这种类型的男人既多金，又有学识，还有涵养，各方面条件都不错，他也许会找名人、模特、明星等作为自己的另一半。也就是说，做这种类型男人的伴侣，必须有他值得去炫耀的资本，任何时候、任何一切都不会改变这种类型男人的想法，纵然是结婚多年的老夫老妻也不能制止男人的这种想法——因为他无论什么

时候，都需要女人的光环照射，为的就是获得他人的艳羡。

对于3号男人来说，他们所信奉的是：我一定要明白我图什么，只要能找到对我有利可图的地方就可以了。当然，对于女人来说，他们也是抱有这种私心的，希望对方有值得她炫耀的资本，所以说，有很大一部分男人或者女人，都喜欢用伴侣的光辉来照射自己，以满足自己的虚荣心。比如几个女人在一起，谈论最多的就是老公怎么怎么样，能赚多少钱，现在什么职位，有多能干；而男人们在一起，谈论最多的就是女人怎么怎么样，表面上虽然风平浪静，可暗地里却都在较着劲儿，“我的老婆比他老婆漂亮”、“我老婆的学历是博士”、“我老婆工作能力很强”……每个男人的心里，都希望自己的老婆是最出色的，只不过在这种类型男人身上表现的比较明显而已，他们太需要成就感了，太需要别人的光环来弥补自己的不足以增加自己吸引人注意的资本。仔细观察这种类型的男人，发现他们常常拿一些大人物、名人的名字与自己连在一起，表示自己交友广、有办法、有能力，这再次表明了他们需要光环的照射，他们喜欢让人看到自己好的一面。如果这些光环是来自自己妻子那里的，那他也一定不会拒绝，反而变得是求之若渴。

这种类型的老公有个好处就是，他不像某些大男子主义不能接受妻子比他强、比他能干，比如妻子的个头比他高，学历比他高，妻子的money比他多，工作能力比他强……恰恰相反，他不仅能接受妻子的这些特点（也许某些大男人永远都不可能接受），而且他们还认为妻子的特长越多越好、多多益善，在单身状态时，他们也总是把具有明显优势的女人作为自己择偶的最佳人选。

志敏长相甜美、学识渊博，还是中山大学毕业的博士研究生，可就是这样一个女孩儿，直到 33 岁还没找到婆家。那些相过亲的男人给出的一致原因是：志敏太优秀了，这么一个强过男人的女人，男人是无论如何都不会娶回家做老婆的，因为女人过于能干的话，有损男人的尊严。就在志敏灰心失望之余，有一个男人出现了，他没有像其他男人那样退避三舍，反而对志敏是穷追不舍。尽管他只是一个只有高中学历的暴发户，但凭借一颗执著的心打动了志敏，最后赢得志敏的芳心。这个男人非常直截了当说他很欣赏志敏的才华、学识，当然更垂涎于志敏的美色……婚后，无论参加什么聚会，他总是习惯于带上志敏，还时不时地向别人介绍：我老婆是中山大学的博士研究生，攻读什么专业之类，现在是哪所大学的讲师……能看得出来，他很得意，总是拿自己的老婆来向别人炫耀，他没有因为志敏的高学历而觉得有失男人的尊严，反而觉得女人头上的光环能成为他炫耀的资本。

也许你会感觉到很奇怪，死要面子的大男人何以屈居于小女人光环的笼罩？是啊，大部分男人都不能接受自己的老婆在某方面比自己强，认为和一个比自己强的女人一起生活，那简直太不可思议了，他们甚至公开表明无法容忍自己的妻子强过自己，对他们来说面子问题是最大的障碍。但是对于 3 号性格男人来说，各方面都很强的女人反而对他是一种吸引力，他喜欢女人头上的光环，这种万丈光芒的照射，能弥补他的不足或者是能成为他炫耀的资本，这正是他所需要的。当然，这并不能否定 3 号男人不爱面子，相反，3 号男人也特别爱面子，他们能接受女人身上的光环，但不能接受大女子主义。也就是说，女人身上的光环或者特长才是真正吸引他的，他需要这种光环的照射，同样也是因为爱面子，喜欢在别人面前炫耀。当然，炫耀的目的并不是为了显示自己的老婆有多能干,而是通过炫耀女人的优势来获得别人对自己的称赞,这才是他最终的目的。

所以说,作为这种类型老公的妻子,时刻都不要忘记提升自己,无论是为了迎合老公的心思,还是为了提升自己,无论是工作能力,还是外在或者内在修养,什么时候都不能懈怠。把自己培养成一个拥有多重光环的女人,这才是重中之重,千万不要给自己找像“嫁了人了,还在乎那些干什么”、“女人就是要靠男人”等等之类的借口,有时候男人也需要女人的光环照射。一个外表漂亮时尚、内心涵养丰富的女人什么时候对男人都有着非常大的吸引力,只是有些男人出于缺乏自信,才会编出什么这样的女人不适合当老婆、这样的女人让男人有失尊严的荒唐理由。但对于自信满满、目标明确、把追求成就看作比什么都重要的3号性格老公来说,这种类型的女人有着莫大的杀伤力。何况,女人,自己强,比什么都强。

2. 他天生就是表演家，会扮演好各种不同的角色

不得不承认，3 号男人做事效率快，其聪明、灵活、模仿能力很强，演什么像什么，他们是天生的表演家，好比舞台上那些为了迎合观众的喜好而表演的演员一样。他们的情感往往比较丰富，心思细腻，具有很强的感染力，善于与人交往，即使是初次见面，他们的亲切感也能给人留下深刻的印象。当然了，他们不缺乏朋友，只要是他愿意认识的人，他会扮演成各种角色去接触对方。甚至为取悦讨好对方，阿谀奉承也不是不可能的。

一位 3 号男人说："我觉得我是天生的表演家，如果我想去接近某个人，我一定会不择手段去达到目的。有一次，我为了找一个司法部门的领导办事，特意跟着他报了一个健身班，后来我们成了同学关系（殊不知，我对他早就另有所图了），我的事也顺理成章地办妥了。之后，我跟他就很少联系了。实际上，我也很想给他打个电话慰问慰问，可是我太忙了……"

3 号交朋友的速度快，但是这种友谊或者场景不会维持太久，因为

他们即使是交朋友，也是带有目的的。有时候，这种性格的男人还是很有功利性的，他们的社交能力很强，能够左右逢源，甚至能做到见人说人话、见鬼说鬼话的程度。可以说，这种类型的男人有着变色龙的本领，能够在瞬间改变肢体动作、语言风格、兴趣爱好等，会配合任何场合来装扮自己。比如说在谈恋爱的时候，这种类型的男人总是以完美情人的形象出现，竭尽所能地取悦另一半，如果对方需要感性，他会像变色龙似的让自己马上变得感性；如果对方需要痴情，他就像情种似的出现在对方面前。当然了，无论是感性还是痴情，他们表现的都不是真实的自己，他们只不过是在扮演完美情人的角色而已。然而，如果另一半不领情，他们会认为是自己所选的“角色”有问题，他会马上换演另一个“角色”。

不过话说回来，这种性格的人表面看上去对别人很有吸引力，成熟大方、稳重潇洒的外表，显赫的名声和地位，但实际上，他们往往只是在扮演别人所期望的角色，以至于失去了自我。他们害怕被抛弃、被忽略、被孤立。因此，他们期望以整洁的外形，充满活力的谈话和夸张的表演来寻求赞许与安全感、关注与被追随，这种刻意营造的虚假形象，纵然背着众人用功，却不允许别人看见自己独力苦干时眉头深锁的狼狈相。因此，他们活得很累。

晓雯的丈夫就是典型的3号性格男人——天生的表演家。在上司面前，他是一位八面玲珑、无事不通的好下属，为了讨好上司，他甚至卑躬屈膝；在下属面前，他又是称兄道弟的好哥们儿、好朋友，在大家眼里，他就是一位有眼光、有能力的领导；当然，为了让妻子晓雯开心，他会尽自己的所能来满足晓雯的愿望……有时候，他的语言和行为夸张得就像舞台上的演员一样。

晓雯说："我知道他每天戴着各种各样的面具行走于各种场合，要应付那么多人，回到家还得讨好我。他太累了，真想找他谈谈心，告诉他没必要在自己的老婆面前伪装，可是每次话到嘴边，我就又咽回去了，因为我怕这样会伤到他的自尊，何况他也总是嫌我唠叨，根本不接受我推心置腹的劝说。他呈现给我的永远是一个乐观自信、快乐的好男人形象，好像永远都没有烦恼似的。但是，我知道，他不是圣人，只是他总是忽视自己的内心感受……"

实际上，这种类型的男人并不愿意当讨好别人的"小丑"，只是他们的内心非常渴望赞许与关注，只有在获得他人的吹捧，听到别人叫好声的时候，他才能确信自己的存在。而且他们特别害怕别人窥探他们内心的真正个性和内涵，因为他们怕别人发现他们内心的空洞。也就是说，他们害怕面对真实的自己，不敢承认自己的不足、不自信、胆怯，拼命想伪装成坚强勇敢、乐观自信的模样。实际上，这并不是他们真实的自己，他们只是在表演别人的角色而已。当然，正是因为他们不敢面对真实的自己，所以他们很难接受坦诚的聊天，他们自始至终在扮演一种获得别人赞许的角色。

面对这样的老公，请你不要为他们夸张的姿态和轻率的行为而烦恼，耐心地在一旁守护他们，给他足够的赞许和关爱。更重要的一点就是请不要揭开他们的面具，也不要试图揭穿他们的谎言，多关注谎言背后隐藏的阴影。他到底是怎么了？这需要你耐心的观察，并且诚心的引导。让他放下面具，真正做回真实的自己。

3. 爱吹牛出风头的他，需要你随时鼓掌

大部分男人都有吹牛的习惯，但是在 3 号男人身上，这种习惯就表现得更为突出。他们好面子，喜欢互相攀比、爱炫耀、爱出风头、虚荣心强，总喜欢把自己最优秀的一面展示给别人。和朋友在一起时，他常常为了赢得大家倾慕的眼光，吹嘘自己的能力如何强、学识如何高等；有时口不择言，许下不切实际的诺言，有时甚至夸大其词，实际上这都是一种吹牛的心理，这也是这种类型男人的典型特征。他们喜欢在人前秀自己，只要逮住机会，他们便会用各种方式向对方展示自己。他们认为除非有极大成就，否则不会被认同，所以常夸大自身的成就。3 号男人是出了名的爱出风头的男人，一定程度上，他们取得些许成就也是为了给出风头制造机会而已，有时候如果一事无成，他可能会做一些不好的事情来吸引大家的注意力。可以说，大部分 3 号男人都喜欢受到别人的嘉奖和赞许。有一位 3 号男人说："我的梦想就是做明星，希望自己有朝一日站在万人体育场里接受嘉奖，鲜花、掌声越多越好，这种感觉人生有一次也算没白活。"爱出风头，爱鲜花，也爱掌声，正是这种类型男人的典型特征。

对于这种类型的老公，既然他喜欢吹牛，只要不是很过分，也不会违背一些社会法规，那就让他去吹吧。当然了，面对特别爱吹牛的老公，有的女人可能会受不了，总认为凡事要有一说一，为什么要撒谎呢？实际上，这就是男人和女人的心理区别之一了，尤其是3号性格的老公，他们喜欢成功胜过一切，他们需要大量的注意力，他们喜欢鲜花和掌声永远都属于自己，他们当然也希望自己得到别人的认可和羡慕，“他好强！”，“他是榜样！”，“他是第一！”这些鲜花和掌声是3号的最爱。

美慧和丈夫大龙去参加同学聚会。

“嗨，老同学，你不是说今年要请我们去海南玩吗？”

“对啦，你的公司什么时候开业啊？我们可等着去捧场呢！”

“大家可都看你的了。”

……

听到大家说的这些话，美慧简直是太无地自容了。她知道老公大龙爱吹牛的毛病又犯了，就他那点经济实力，不要说开公司，就算开个小饭馆也不大可能。但为了保住老公的颜面，美慧只得随着他一起编造理由搪塞大家。

刚结婚的时候，美慧就发现丈夫有吹牛这个毛病，她也知道三五男人聚在一起，除了喝喝小酒以外，最受欢迎的“娱乐节目”恐怕就是坐在一起吹牛侃大山了。后来，他发现老公大龙并不是那种小吹小侃，而是过度扭曲的虚荣心导致谎言不断。美慧并不是一个喜欢斤斤计较的人，在她看来，偶尔说说大话倒也无妨，可是经常性的向别人夸下海口，而自己又完全没实力做到，这已经是一种严重的、过分的吹牛了，不仅会失去自己的口碑和信用，更会遭到别人的耻笑。

回到家，美慧实在是忍不住了，对着丈夫大龙一阵数落："你说你，吹牛就吹牛吧，在家里吹吹也就算了，现在却在外人面前炫耀、出风头，看你怎么收场？"……"说者无心，听者有意，你嘴一张，讲话不用负责任的吗？"美慧越想越生气，一股脑地把对老公的不满统统发泄出来。

……

美慧的老公大龙就是典型的3号性格男人，这种男人很怕自己没面子，很怕别人说自己一事无成，喜欢获得别人的敬仰。所以即使在逆境中也会高度戒备，通过夸大其词的方式来获取别人的羡慕。当然，这种类型的男人即使做出了成就，那也是为让别人看到他是了不起的、伟大的，纯粹的为了满足自己的虚荣心。这种类型男人的价值永远体现在鲜花、掌声和别人的赞美之上，如果非要在名和利之间做出选择的话，那这种类型男人肯定会选择名，这充分说明了他们把名声和面子看得比什么都重要。当然，他们会通过各种方式让自己的颜面光鲜，比如说偶尔在人前吹牛，只是为了给自己争点面子，对不失大雅之事，做女人的尽可能地去原谅他，不要当众揭穿刺痛他，给他充足的面子，让他尽情地胡侃。如果他吹牛吹得近似于胡说八道，也要在没人的地方提示他，而不是当众揭穿。一个聪明的女人，不会在外人面前揭男人的短，当然更不会让男人下不了台。这一点，美慧做的是非常的棒，她没有当众去指责老公大龙，人前任大龙尽情地发挥，直至回到家里，才把对大龙的不满发泄出来。但是，指责对一个男人来说还是无济于事的，如果美慧这时能温柔地把这件事的后果告诉大龙，想必效果会更好些。因为男人吃软不吃硬，女人的警告只会让男人更加肆无忌惮，相反,善意的提醒和温柔的告诫则是对付男人的一剂良药。

如果男人吹牛的症状十分严重,女人也十分有必要亲自将他的毛病纠正过来。否则,整天面对一个大话连篇、爱吹牛皮、为了自我面子不惜自欺欺人的老公,女人又怎能放心跟着他过一辈子呢?到底该怎么纠正老公这种看大不大、看小又不小的毛病呢?

第一,背后提醒。如果你的老公在外人面前夸下海口,你虽然心里对他恨得咬牙切齿,但是在人前一定要给足他面子。当然,可以在没人的时候提醒他,告诉他这样做的后果,但是一定要杜绝严厉指责,因为这种类型的男人根本不吃这一套。

第二,置之不理。在家里,他如果大话连篇,你完全可以将他所有的话语左耳进、右耳出,完全隔离于耳外,采取不予理睬的方式,时间长了,他会发现到这一异样,过来质问你时,你不妨理直气壮地告诉他,他说话不靠谱,你也不知道是否应该如何回答他。用这种方式让他意识到说大话给别人造成的不良印象。

他喜欢吹牛,就尽管让他吹,只要不是很过分的话,那就接纳他吧,毕竟这也是一种性格使然。当然,如果实在是太过分,简直就是一个牛皮大王,已涉及做人诚信的问题了,那这时候,做妻子的一定要注意了,运用自己的聪明才智来纠正他的这一毛病。

4. 他是典型的实干家，做他出谋划策的军师

注重成就型又称实干者，也就是说3号性格的男人是典型的实干家，他们也是九型人格中的最闪亮的一群。他们是重在做事的人，说干就干，会投入全部精力把事情做好，什么事情都不会阻挡他们实现目标的决心。而且为了实现目标，他们会调动一切可以调动的资源，与目标无关的事情，你也不要奢望他去关注，他只是很专注于自己的目标，有时候即使是和你聊天，他也是带着目的性的，也许只是为了得到某个信息，一旦得到了，他会马上说："我还有点事情，先走了"等等。这种实干家凡事都讲究效率，说干就干，不会拖拖拉拉，他也只做实事，勇字当头，可以披荆斩棘，不怕艰辛，决定去做一件事时，无人可以阻碍他。这是实干家的典型特征。虽然有的时候，这种类型的男人在一定程度上有虚夸的一面，比如他赚了1万元，他却更希望别人以为他赚了10万元，他会以各种名牌或其他东西来给人一种虚幻的成功形象。不过总的来说，他们还是实干家，能够脚踏实地，一步一步地达成自己的目标，他们是实在的人，只是有时候虚荣心会作怪。

这种类型的男人在做事时，为了达到目的，有时候太过于横冲直撞，不惜牺牲大量的时间和精力，尽管如此，还是收效甚微，一个很重要的原因就是缺乏出谋划策的军师，如果有一个人能给予他细节上一定的指导，相信这样的两个人配合一定会无所不利。

在一个家庭中，3 号性格的男人往往喜欢负责对外接触、与他人讨价还价和决策安排，把一切事务都具体落实到实际环节中，这是他们的强项。一个聪明且有智慧的妻子如果能抓住这种男人的心理，能够妥当的做好他幕后出谋划策的军师，这样的两个人必是配合默契的夫妻，这样的家庭也必定是和睦的、幸福的。而且做妻子的只需要动动嘴皮子，安心地待在家里对 3 号男人进行遥控，提醒他注意不到的一些细节，其他的事就交给男人去做吧！

王先生说："我是典型的实干家，目前在一家保险公司做业务员，几年下来，我的业绩是一路飙升。因为我始终信奉没有干不成的事，只有不肯干的心，在这种信念的支持下，我努力、奋进，取得了一个又一个的成绩。房子由 60 平方米的小房换成了将近 200 平方米的大房，车子也换了两辆了。当然，我能取得今天这样的成绩，除了自身对目标和成就的执著追求外，还有一个很重要的原因就是妻子对我的支持。我虽然有冲劲儿、干劲儿，喜欢干实事，但是我比较鲁莽，有时候做事不经过大脑，只是凭着一股子劲儿往前冲，不管前面是刀山还是火海，为了达到目标，我都会冲上去。运气好的话，我会很顺利的穿越障碍物，但是大部分时候都被撞得头破血流。我的妻子是个非常有头脑的女人，她工作能力很强，做事严谨慎重，在工作上经常帮我出谋划策，也会经常给我提出合理的建议。记得有一次，我第二天要去拜访一个客户，这个客户是出了名的难缠，妻子看出了我的心思，对我说：‘即使是再难缠的人，也会有七情六欲的，你为什么不试着去打动他啊？这样的人，不必急于和他谈业务，最重要的是要让他接纳你的人、认可你的人之后，其他什么事都好谈了……’妻子的话让我茅塞顿开，按照‘军师’提供的策划案——先去打动他的人。我借花献佛，把朋友送我的一套邮票转送给了这位客户，没想到正中下怀，他非常高兴，那天我们一直没有谈业务，只是像朋友那样随意的聊天。有一天，我接到了他的电话，他从我这儿给他公司的全体员工买了保险，而且还介绍他的生意伙伴到我这儿买保险。这也是我人生中得到的第一桶金，如果没有妻子这位‘军师’的出谋划策，即使我再多么有勇，这种长刺的山头也是很难攻下的。”

毫无疑问，王先生是典型的实干家，他对工作时刻都保持着一份激情，如同一头精神抖擞的猛虎，不过，有时候只有干劲是不行的，性格所致，有时候想扭转还是比较困难的。他的妻子倒是很有头脑，她知道自己的老公是典型的实干家，只是有时候有勇却无谋，如果自己能适当的推波助澜一下，相信他的事业一定会锦上添花的。

当然，并不需要妻子去实际的干什么，只是站在一个理性的角度替老公分析一下事态的形势，给他诚实、客观的回应，对他的感觉要小心处理。另外，实干型的老公难免会遇到一些困难或者疑惑，这时做妻子的要给他多一些鼓励，少一些责备，运用自己的聪明才智替老公分忧，做好出谋划策的好妻子、好“军师”。实际上，老公有时候也并不需要妻子出什么计谋，只是偶尔给他加加油、打打气、给他增加些信心，这就是最好的鼓励了。

5. 喜欢成功胜过一切，甚至把幸福建立在成功之上

对于 3 号男人来说，他们天生就是工作狂，因为他们把大部分时间都献给了办公室、各种交际应酬场合。这种类型的男人太渴望成功了，在他们的潜意识里，一个男人只有成功了，才能得到家人特别是妻子的爱戴，也才有资格去享受幸福。他们把幸福等同于成功，没有成功就没有幸福。听听 3 号男人是怎么看待幸福和成功的吧！

A 男人说："我觉得如果自己成功了，家人就会很喜欢我，很爱我。我人生所有的努力都是为了成功。记得小时候，我成绩优异，经常受到老师和家人的表扬，那时候就是我最开心、最得意的时候。有一次，我在校运动会上得了接力 400 米冠军，当我上台领奖时，台下那么多同学、老师、家长都在看着我，我太开心了。这件事我一直记忆犹新，因为我看到了我的父母、家人、朋友、邻居等所有人都为我骄傲和自豪，我的幸福感就是建立在取得优异的成就之上的。直到现在都是如此，我奋力前进，不断地实现一个又一个的目标，有了成就我才觉得算是成功，成功了才能拥有幸福。"

B男人说:“成功对我来说就是拥有豪宅、名车等等,只有拥有了这些东西,我才会感到成功,而且也只有这样,才能给我所爱的人幸福。为了让家人、让自己幸福,我要不断地努力,付出比别人多十倍的努力,获得更多的成就。如果没成就,我就会觉得自己没价值,这种感觉真是太难受了。”

C男人说:“幸福嘛,肯定是建立在一定的物质基础之上的,男人的成功就是不断地实现一个又一个的物质欲望,所以男人应把所有的精力和时间都投入到事业上,随时迎接各方面的压力和挑战。当然,那些不想成功的人是我最瞧不起的人,为了老婆幸福、孩子快乐、家人安康,我要努力让自己更加成功。而且我最高兴的事是我爱的人能够认可我的成绩和我所取得的成就,他们认可了我的成就,我就会有一种满足感和幸福感。”

看吧,这种类型的男人都雄心勃勃,他们太渴望成功了,喜欢成功胜过一切,甚至把幸福等同于成功,没有成功就没有权利享受幸福,这俨然已成为他们人生的座右铭。他们一心向着“成功”两字进发,他们太专注于工作了,却很少顾及夫妻间的情感交流和沟通,与家人共处的时间都不及与上司、客户共处的时间多。由于他们长期过度追求功利与名声,付出的代价是“成为工作的机器”,把自己献给了工作,离另一半越来越远,他嘴上会说:“没关系,等我完成这个任务后,就可以放个假,把爱情弥补回来。”其实,就算和妻子去度假,他也会带着公文包一起去旅行。他们认为:给另一半幸福的生活,就要为对方创造优越的物质条件。所以他们拼命地干啊干,就是为了让自己的家人能过上他们所认为的幸福生活。

香香因为旅游一事和丈夫吵架了。

“你每天那么忙，从来不顾及我的感受。本来去年国庆时你就答应我去三亚玩的，最后你说你忙，我理解你。可这次你为什么又变卦？你倒是说说看，这一次又是因为什么？”香香委屈地向丈夫抱怨道。

“宝贝，你也不是不知道，最近局里要晋升副处，我不再加把劲儿好好表现一下的话，可能就没机会了。你想想我今年都多大了，再不努力一把，你和儿子怎么能过上幸福的生活啊？我现在这么辛苦，还不是为了这个家嘛，为了让你和儿子能有更优越的物质生活，我更得努力了！我想你也不希望你的老公是一个没出息的废物吧……至于去三亚嘛，什么时候去不成啊？你也看到了，我现在真的是忙得脱不开身。”丈夫又拿出老一套向妻子香香辩解道。

“你忙、忙、忙，什么时候才是尽头？”香香气不打一处来，“你以为你只要升官了、发财了，我就会幸福吗？我不奢望住大洋房，坐豪华轿车，我要的是一种感觉，一种幸福的感觉，我希望你有时间多陪陪我，陪我说说话、聊聊天，就是这些小小的要求都变成了一种奢侈……至于三亚，我也不是真的想去那儿旅游，我只是想和你在一起，和你待一会儿。老公，你明白吗？”

……

这种类型的男人为了成功，为了实现目标，总是利用一切时间来发奋图强，甚至把和爱人相处的时间都搭上了。他们认为，给对方优越的物质生活，比每天陪另一半聊心事要强上 100 倍，他们甚至对伴侣的谴责和反感都不予理解。

他们的过极之处就在于没能够把握好工作和家庭这两个天平的

关系，无论天平倒向哪边，对家庭和个人的发展都不利。家庭对于我们每个人来说都非常重要，有了幸福美满的家庭，才会有稳固的后方，所以，婚姻和家庭值得每个人做最大的投入。但是这一点却始终不被这种类型男人所认知，他们对事业总是充满了危机感，怕失业，怕输给别人，怕得不到重用，所以投入了更多的精力。相反，他们认为家庭就是自己的私有资产，婚姻就似一个保险箱，现在的拼搏就是为了家里人能更好地享受生活，这是一种严重的错误观念。做妻子的我们，可不赞成男人的这种观点，我们女人最大的满足感就是拥有幸福，那什么是幸福？幸福当然不是拥有丰富的物质享受，幸福是一种感觉：和心爱的人手牵手去散散步、聊聊家常、看一场电影；头疼感冒了，有心爱的人在一旁嘘寒问暖……

一个男人追求成就、成功，这本身是没错的，因为一个男人生来就是为事业奋斗的，但是凡事不能过头，要顺其自然，努力过了、奋斗过了，就对得起自己了，不要强求自己。要知道，生活中除了可以为之奋斗的事业之外，还有很多东西值得去追求，比如幸福的家庭、美满的婚姻。可爱的妻子们，对于你的那位喜欢成功胜过一切的老公来说，请你把你内心的真实想法告诉他，让他知道你愿意和他这样平平淡淡、恩恩爱爱的度过一生，至于名啊、利啊这些身外之物对你的吸引力远远不及他的情意深厚，让他在奋斗的道路上，再放慢脚步，一切顺其自然好了。

6. 别让太大的工作压力压垮你的老公

在这种类型的老公看来，即使没有爱和家庭，也要拥有事业，他们一生都在追求成功，把个人目标和事业看得比什么都重要。这种类型男人最害怕的事情就是没有成就，不被认可，为了拥有成就和达到目标，他们会给自己非常大的压力，不管用什么方法，绞尽脑汁也要做到，有时候甚至会不择手段。

这种类型男人的座右铭是：没有失败，只有放弃！在他们的内心世界里，根本不存在失败，即使是失败了那也是中途放弃了，但他们很少会放弃自己的目标，他们只有不断地奋起直追，才能事事第一，同时也不断地给自己设置更高更远的目标。

可以说，这种类型的老公把所有的时间都用在了工作上，简直是名副其实的工作狂。打个形象的比喻，如果问3号男人是怎么死的？答案是他既不是老死的，也不是病死的，而是累死的。我们在点蜡烛时，一般只会点一头，而3号性格的男人觉得烧一头不过瘾，他把另一头也点着。这样他还觉得不过瘾，从蜡烛中间剪断，把四个头都点上。这样的话，蜡烛当然很快就燃尽了。这充分说明了这种类型的男人把自己全部奉献给工作了，头脑中经常想着的就是做事，拼命做事是他们的习惯。他们总想自己亲自来完成，觉得自己的效率一定会超过别人。

我们知道1号完美型老公也喜欢做事，但是他们做事是为了尽善尽美，事事追求高标准、最完美，无论在工作中还是在生活中，他们都显出一副高标准的姿态，比如工作中苛刻到近乎完美的程度，生活中凡事也是打理得井井有条。3号注重成就型男人虽然也喜欢做事，但他们只限于在工作中，为了达到目标，给予自己太大的压力，他们所有的时间都是用来取得成就的；而在生活中，他们可以对家里的卫生状况熟视无睹，反正别人看不见了！这是和1号完美型男人最大的区别。

3号性格男人总是对自己有很高的要求，他们喜欢富有挑战、竞争、激情的工作，也喜欢多元化的工作环境，越好玩、越有创意、越有竞争性对他们来说就越好。没竞争就没兴趣，在哪儿都喜欢争上游，喜欢做第一，他们也总是对自己设置很高的目标，既然设置了目标，他们就会想尽一切办法来实现自己的目标，不达目标绝不罢休，让自己承担过大的压力，甚至把自己弄成过劳死。

在一本杂志上看到一个故事，说是有一个在外企工作的男士，自称是“睁着眼睡觉的人”。他说：“别看我每天上下班‘的’来‘的’去的，吃、喝、用的都上档次、够水平，可谁又知道，我每天晚上担心得只闭着一只眼睛睡觉呢。看着周围的朋友一个个富得冒油，而自己却朝不保夕，压力大啊。为了能超额完成销售任务，我每天披星戴月，不辞辛劳，脑中也尽是工作上的事。如何才能实现自己的目标？我想尽各种办法，甚至动用了我的同学关系及家里的亲戚关系。当然，功夫不负有心人，年底我超额完成目标。由于我业绩突出，公司决定升我为销售主管，可我觉得在这个公司能发挥的都发挥了，能施展的也都施展了，已经没有什么可以学的了，也没有什么发展的空间，更谈不上发展的前途了，所以，我果断地辞职下海了。刚辞职的时候，周围的同事和朋友都很诧异，纷纷替我可惜，骂我犯傻，放着这样的年薪好几十万的工作不干，简直是头脑发热。但我不觉得有什么可惜的，人活着嘛，就要有更高的目标……我不断地给自己设置目标，也不断地给自己施加压力，三十五六岁的我，身体却越来越不好，什么脂肪肝啊、前列腺炎啊统统都来了……"

绞尽脑汁，把工作当成"上帝"，可见他是一位典型的 3 号性格男人，为了完成任务，他不断地给自己加压，虽然实现了一个又一个的目标，可自己的身体却发出了求救信号。这种类型男人的成功，大多数是在压力状态下实现的，他们会因超负荷的压力而精疲力竭，致使体力和精力难以恢复。有人说，这种类型的男人只有把精力用光时才会停下来，他们不会自我调节。作为这种类型男人的妻子，你要提醒他放慢脚步，防止他累坏了、崩溃了。因为只有适当地放慢脚步，才会更好地上路。做妻子的就不要给他太多的压力了，因为他给自己设置的压力也足够他承受了。不仅如此，妻子还应该适当地调节气氛，让家里呈现一片愉悦轻松的氛围，比如放上一段轻松的音乐，和老公聊一聊单位里有趣的事，或者是让老公参与到烹饪的过程中来。另外，每天吃完晚饭后，不管老公找什么借口，都要拉着老公到附近的公园散散步，锻炼锻炼身体。当然，为了给老公消除压力，可以充当老公的按摩师，让他的身心彻底放松，暂时忘记沉重的压力。

○类型

浪漫独特型

○简介

这种性格的男人又被称为艺术家、理想主义者，他也是9种性格中最浪漫的一个。浪漫、独特、忧郁、多愁善感，具有典型的艺术家气质。徐志摩就是这种类型男人的典型代表，忧郁的眼神、阴柔的表情、幽怨的神态，一副诗人面孔。

○关键词

艺术家气质，忧郁，浪漫，独特，情绪化，理想化，多愁善感，有创意，内心感受很丰富，喜欢活在过去。

○使用时注意事项

这种类型的男人他们渴望浪漫具有情调的感情和生活，希望自己有品位，喜即若离的感觉。最怕的就是平凡和平淡，过于压抑的生活会让他们觉得毫无。若即若离、忽冷忽热式的感情是他们最向往的感情方式。他们也很容易情绪化，就是因为他们害怕失去爱。

Chapter 5 浪漫独特型老公

1. 阴柔而忧郁的艺术家面孔，但要拒绝忧郁症

亚里士多德曾说："所有的天才都有忧郁的气质。"4 号男人有着忧郁的眼神、阴柔的表情、幽怨的神态、飘忽的思绪、诗人的面孔，这是 4 号男人典型的特征。他们还有一个称号，那就是被称为艺术家。但凡是艺术家，都有多愁善感的情绪及丰富的想象力，会常常沉醉于自己的想象世界里。他们会感动，为媒体报道的伟人而感动，为琼瑶笔下的主人公感动，动情时甚至不顾及大男人的形象潸然落泪。除了感动，他们还会惊叹，为大自然的奇迹而惊叹，也被天资聪颖的天才所折服。他们常沉醉于动人心弦的交响乐中而不能自拔，无论是棋琴书画，还是品茶论道，他们都能从中获得很美好的感觉。

一位 4 号男人说："我从小就喜欢写诗、写小说，尤其喜欢格调忧郁、凄凉的诗词，像李清照写的：'寻寻觅觅，冷冷清清，凄凄惨惨戚戚。乍暖还寒时候，最难将息。'就是我的最爱。由于我骨子里就透着一种孤独和凄凉，所以我写出来的东西都很煽情、很唯美，不仅把自己融入故事情节中去，还能赚取其他人的眼泪，为此，同学们还送了我一个雅

号——小诗人……在写诗时，我会纯粹得忘掉自我，把自己完全融入那种意境中，时而阴柔忧郁，时而又多愁善感，我会很快地沉浸到那种自我当中去。大喜大悲可谓是我的特征，我常觉得自己是'异乡客'，儿时的我就常想带着一颗忧郁迷离的心去'流浪'，这种感觉简直太美妙了。直到现在结婚了，我都不曾忘记去实现这个梦想。有一天，我背起行囊、关掉手机、拿着我出版的那本诗集，没有告诉任何人，也没有向单位请假。在出去的那一周里，我完全沉浸在自我的感觉当中，没想到认识我的人满世界地找我，我老婆甚至差点儿报警。在我出现的那一刻，他们疯了，而我却仍像没事人一样，一个人痛苦、一个人快乐、一个人游戏，纯粹的一种自我状态之中，没有别人，只有自己……"

4 号性格的男人就具备艺术家的特质——阴柔而忧郁，这本是一种感性、唯美、浪漫、独特的气质，但是如果总是一味地沉浸于那种悲凉痛苦的情绪当中，表现出不快乐、忧郁的样子，这已是一种严重的负面情绪，严重者甚至会患上忧郁症。

前不久，看到一个朋友的 MSN 个性签名俨然写着"有点莫名的抑郁"，我想朋友肯定是遇到不开心的事了，就随意和他在 MSN 上聊起来。

朋友向我娓娓道来：不知为什么，我总是沉于痛苦中难以自拔，为自己的不争气而痛苦，为现在的生活状态而痛苦，有时候半夜醒来，痛苦袭来难以入眠，甚至想到自杀。感觉自己像得了神经病似的，莫名的生气，莫名的和老婆急，还时不时地发呆，做什么事都提不起精神来。记忆力也越来越不好，刚放好的东西，没过一分钟就忘记了。不仅如此，最近胃口也不好，身体也感到不适，这已经严重影响到我的工作和生活了。在老婆的强烈要求下，我去医院做了个检查，结果令我大吃一惊。抑郁症？怎么可能啊？怎么会得这种病啊？后来医生告诉我现在生活压力太大，再加上我不会调整自己的情绪，容易情绪化，感情脆弱，所以被确诊为抑郁症。

生活中，4号性格的男人很容易患忧郁症，主要是这类性格的人很容易情绪化，心理承受能力极其薄弱，而且习惯于把自我封闭起来，沉浸在一个人的世界当中，即使是在快乐的情绪里，也会潜藏着喜乐背后的痛苦，用忧郁去冲淡欢乐是他们的不自觉行为。有时4号性格的男人表面平静，其实他内心早已波澜起伏了，只要一句话就可以让他冲动发狂。4号性格的男人也喜欢享受痛苦，表情经常是忧郁的。

作为4号性格男人的妻子，我们可以接受老公偶尔的诗兴大发"酸"一回，但要拒绝忧郁症在他身上发作。因为忧郁情绪是身体健康的隐形杀手，杀伤力极大却最容易被人忽视。要知道，长期的抑郁会使身体被各种疾病纠缠，像心脏病、高血压、偏头疼、胃溃疡、糖尿病等疾病就是抑郁症恶化的结果。抑郁症在西方社会被称为"精神上的流行性感冒"，从"流感"二字可以看出抑郁症是可以互相影响和传染的。所以，要营造一个积极、欢快的氛围，让你的老公尽情地做一个快乐的"诗人"，而不是患有抑郁症的"诗人"。帮助你老公摆脱负面的忧郁症，以下几种策略也许对你有用。

第一，让屋里明快起来。很多人得抑郁症就是因为长期在一个相对凌乱、相对压抑的环境中生活工作的，这种环境更让人透不过气来。一个相对明快的环境总是能让人的心情大好，即使心里有什么不快，在这种环境的感染下，心情也会发生180度的转变。聪明的妻子会把家里布置得井井有条、舒舒服服，温馨清爽的家居环境、柔情蜜意的氛围、天真可爱的孩子，这景象多美妙，老公哪还有时间去抑郁啊！而且一个相对舒适的环境，不仅能感染你老公，还能感染你身边的每一个人，在一个有爱的温馨环境里生活，是多么惬意的一件事，各种烦恼早就抛到九霄云外去了。

第二，陪着你的老公动起来。得忧郁症的人很重要的一个因素就是把自己蜷缩在屋里独自一个人发呆、幻想、胡思乱想，这样肯定会使人更沮丧。不妨带着你的老公走出户外，做些休闲活动，有助于克服忧郁症。比如耗尽全身的体力大步跑起来，或者是做做其他运动，这样精疲力竭之后烦恼也许会烟消云散。

第三，让你老公把坏情绪发泄出来。这种类型的老公即使是有什么烦心的事也不愿找人倾诉，所以，一个好妻子应该鼓励你的老公把心中的痛苦情绪发泄出来，让他尽情地、毫不保留地说出自己的感受，这样对缓解压力很有帮助。不管他说什么、做什么，你一定要让他感受到你是真正理解他的，即使全世界都抛弃了他，还有你在他身边支持他。

第四，用你乐观的情绪去感染他。这种类型的男人总是喜欢忧郁的感觉，他们的心情也很容易受到外界的影响，如果你总是一副乐天派的样子，他的这种负面情绪也会慢慢的随之改善。

这种类型的男人因为他的阴柔和忧郁而变得更加浪漫独特，所以做妻子的我们在享受他们所带来的艺术气息的时候，一定不要忘记让老公把情感抒发出来，这要比深深埋在心里有益得多。同时你要告诉他阴柔而忧郁的艺术家虽然很唯美，但是你更喜欢阳光而快乐的艺术家，知道你的期望之后，相信他会努力为你而改变。

2. 真正理解他，给他一段与众不同的情感

对于4号性格的男人来说，他总觉得自己是独一无二、与众不同的，他也总认为自己与世界格格不入，世界虽大，却没有一处可以容身。很多时候，这种类型的男人过于理想化与极端化，而且，他不会把当下的感觉通过语言沟通的方式告诉别人，只是透过情绪来表现，让人们去猜，好证明别人对他的足够理解。在他的意识里，非常在意别人是否重视自己，是否愿意支持自己，是否发现了自己的感觉，他希望别人能够真正理解他。4号性格的人最害怕被遗弃，害怕失去爱，害怕找不到真实的自我，他一生都在寻找一个理解和懂他的人。

刘伟自从下岗之后，就自谋生路，找了一个摊位卖些学生用品。他老婆苏苏在一家事业单位上班，大小也算是个头，近段时间工作很忙，对他摊位的经营状况也很少过问。每天回到家，吃完饭就上床睡觉，这让老公刘伟产生了一种被冷落的感觉。每当这时，他自己一个人冷冷清清地吃过饭，不会为了缓解自己的寂寞叫醒妻子，而是换上一套别具风格的家居服，沉浸在一个人的世界当中，沉默、思考……

第二天清晨，老婆照样起床比他早，给他做好早点。实际上，这时的刘伟早就醒了，但就是不起床，而是留意厨房的动静和卧室的门。如果听到妻子走向卧室的脚步声，他就会故意地发出“哎哟、哎哟”的惊呼声，察看一下妻子苏苏是否还像原来那样推开卧室的门走向他询问原委，并轻吻他的额头，亲切地叫他起床。如果苏苏这样做了，他才感觉到她是爱他的，没有朝三暮四，如果苏苏对他的惊呼并没有在意，他便会产生许多猜测。

为了考验一下妻子是否对他关爱，是否把他放在心上，他竟然恶作剧似的说自己遭到了抢劫，如果妻子苏苏大怒或者表现出无比的愤慨，他心里就会感到充实。他甚至在妻子面前装出身体某个部位疼痛的样子，用以观察妻子的表情，如果妻子又摸他的额头，又给他量体温，甚至催促他去医院或者要带他去，这时，他才感觉妻子是爱他的，他心里也是温暖的。

刘伟就是典型的 4 号性格男人，他需要妻子的关爱，怕失去妻子的爱，所以通过各种不同的情绪来表达自己的感觉。

这种类型的男人是不会通过语言来表达自己的感受的，而是通过情绪变化这种与众不同的方式来表达自己的感觉，他们甚至会做出一些让别人感到不可思议的大胆行径，比如说，当众号啕大哭，或是忘情地拥吻另一半。虽然说男儿有泪不轻弹，但黯然流泪，哭笑无常却被他们演绎的淋漓尽致，尤其当他感觉对了的时候，他会掏心挖肺地把自己全部的心事与秘密说出来。当然，如果一个男人忽冷忽热，就如一年四季的变化，做妻子的可能会感到不可理解，甚至感到疑惑。实际上，对于老公的这种情绪化的反应，大可不必大惊小怪，这是他在用自己的方式来表达一种感觉，就如同有的人喜欢默默无闻这种沉默的方式或者是用言语的方式来发泄出来，方式不同，但内容却相同。

对于这种类型的老公，做妻子的一定要给予理解和支持，如果你感觉到他正处在“某种情绪”里，温柔地拍拍他的额头、抱抱他，询问下他此刻有什么感觉、有什么想法，鼓励他把内心的想法说出来，让他知道你在乎他、重视他，因为这是他最看重的感觉。

在情绪方面，这种类型的男人会表现的不同于常人，即使是在着装方面，他也会表现得与众不同，呈现给别人的是一种很有格调的气质，比如他会穿着花裤，把羊毛衫的袖子拆下来变成坎肩，把牛仔裤的裤腿剪成一长一短，他甚至非常钟情于红配绿的颜色搭配，把自己打扮得非常另类，只有这样他们才会觉得有品味。当然了，对于在这种类型男人眼里所谓品味的着装，在有些妻子的眼里，却是非常的另类，她们肯定会表示出不可理解或者对他不满。人各有千秋，他们的爱好也是千变万化的，有的人喜欢大众化，而有的人喜欢另类，这种类型的男人就是典型的另类男人，这是他们的爱好，为什么要表示出怀疑呢？做妻子的只需密切配合他们，让他们感受到你的支持，反过来说，另类点有什么不好呢？起码让你看到了一个与众不同的世界，这种感觉有时候是非常美妙的。

3. 制造点浪漫独特的氛围，唤起他那颗沉寂的心

4 号性格的男人骨子里就透着一种浪漫的情愫，他们也是 9 个号码中最浪漫的一个。他们大都感情丰富，不食人间烟火、不懂人情世故、不善生活，思想浪漫有创意，拥有敏锐的感觉和审美的眼光。他们不喜欢安逸平稳，而是追求感觉。即使结了婚，他们也不会从此就安于过稳定、平静的日子。他们渴望浪漫，渴望与众不同的生活。人生如戏，戏如人生，用这样的词来形容 4 号性格的男人最好不过了，对他们来说，最好把生活也融入戏中，这是他们最理想、也是他们最渴望的生活模式。如果生活中缺乏浪漫氛围的话，那么他们会觉得生活太过庸俗，太过无趣，也会封起那颗沉睡的心，不理庸俗世界中的那些事，只顾自己的思想天马行空地游离于自己丰富的想象中。

什么是浪漫？很难有一个统一的定义。4 号性格的男人虽然渴望浪漫，但他的所谓浪漫不一定局限于玫瑰花和烛光晚餐，他有他自己定义的浪漫。有个 4 号性格的男人说："和妻子在阴雨天时偶尔小酌几杯，对我来说这就是浪漫；手牵手一起去看日出，这也是浪漫；当然了，半夜

里独自开车在三环兜上几圈儿，这也很浪漫……不管什么事，只要是新奇的、独特的，我都会认为是浪漫，不过如果重复再来一次我就一点兴趣也没有了。”

在4号性格的男人心里，每次的浪漫都有不一样的内容。他们的浪漫方式和浪漫内容都是自己定义的。有一次，一个异性朋友告诉我他度过了一个浪漫的七夕节，我问他到底去哪里浪漫去了，他说：“我和老婆去爬野长城去了，正好那天下雨，我们在附近的山洞度过了一晚上，吃着、喝着自己带的零食和饮料，看着外面滴答滴答的雨水打在地上，这种感觉好美、好浪漫。”

原来这也可以称为浪漫！在4号性格的男人那里这的确可以称之谓浪漫，他们就是希望体验一种不一样的生活，这种生活来的惬意，也够新颖和刺激，有这些就足够了。

也就是说4号性格的男人特别重视感情世界中浪漫的因素，纵使是琐碎的婚姻生活也不能阻止他们对浪漫情调的追求。他们渴望伴侣能进入他们的内心世界，也渴望伴侣能将他们从平凡的生活中解救出来。这种类型的男人天生懂得制造浪漫氛围，懂得如何做才能满足对方的真正情感需要，如果能成为4号性格男人的妻子，一定会有不一样的浪漫。不过任何一段感情无论刚开始如何让人亢奋，终有一天这种热情会冷却下来，这对浪漫型男人来说即是痛苦的开端。聪明的妻子应该扮演起拯救他的角色，在世俗的生活中制造出不计其数的不平凡，善于在平凡简单的生活中追寻浪漫的蛛丝马迹，让你的老公感受到独特的浪漫，再次唤起他那颗沉寂的心。

作为4号性格男人的妻子，如果能和他一样具有浪漫的气质，那对他来说是最欣喜的一件事了。不过大部分女人天生都带着一种浪漫的情愫和气质，给夫妻关系制造点浪漫氛围，那还不是信手拈来。

第一，一起去看海。和你的老公一起去看大海，这件事够浪漫吧。大海给人的感觉就是纯净和浪漫的，天生感情丰富的4号性格的男人偏偏独爱这种感觉。拉着你老公的手，不要告诉他去哪里，只是告诉他要去一个很独特的地方，让他带着一颗憧憬的心，也许他向往这一天已经好久了。想想吧，在蓝天白云下，在大海面前，你们如孩童般的嬉戏，又如情窦初开的情侣互相依偎，呼吸着大海的味道，震撼于自然的美丽，生命的美好，这是一幅多么美妙浪漫的画卷！也许一不小心太感动了，4号性格的老公会借题发挥，在浪漫的沙滩上写上："宝贝老婆，我爱你！"不要告诉我，你不喜欢这种感觉，凡是女人，天生就不会拒绝浪漫，让老公体验浪漫的同时，自己也尽情地浪漫了一番，这样的事，何乐而不为呢？

第二，写一封情书。说起情书，好像是上个世纪的事了，现在的80后、90后，哪还懂得情书为何物？取而代之的是短信、电话、E-mail等现代快捷的通讯方式。确实，现代通讯手段缩短了人与人之间的距离，但最后留下了什么呢？是冷漠、无情、直接……写信这种方式离我们已经太远了，但它却能让我们感动，也正是因为它的稀缺，才又显示出它的不同与浪漫，这不正是4号性格的男人所期待的吗？也许你会觉得都老夫老妻了，有什么话不能当面说，还要用这种暧昧的方式？对于4号性格的男人来说，他们玩的就是这种独特和暧昧，也许在他收到你的情书的时候，会一连兴奋好几天。拿起笔，就满足4号性格的男人一个小小的愿望吧！写到这里，我都不由得拿起笔，铺开早已尘封的信纸，给老公写了一封情书:亲爱的,不知道你现在正在做什么。我刚完成今天的写作任务,正端着咖啡杯站在阳台上享受着灿烂的阳光。想想和你在一起的这几年里,真是幸福!倘若能与你携手走完这一生,那么我的人生就没什么憾事了。你觉得呢?……写到最后,我竟然被自己的信感动得哭了,把它折好,轻轻地放到老公经常穿的衬衣里。第二天晚上,我收到了他的玫瑰花和一个深情的吻。

第三,在阳台上喝茶。一张桌子,两个茶杯,对坐的两个人,还有斜斜照进来的金色的夕阳,这也不失为一种浪漫。对于4号性格的男人来说,最看重的是一种情调,他不是为了喝茶而喝茶,关键是要体验一下那种感觉……夕阳、青茶、微风、远方、永远,思绪恣意的放纵,让人联想到的是一种永恒,那种感觉和气氛实在是太美好了!

第四,浪漫的晚餐。在4号性格男人的意识里,情调和独特才是一种浪漫。那就把一顿简单的饭包装成一顿浪漫富有情调的晚餐,朦胧的灯光、淡雅的香水味、尽显浪漫的红酒、绽放的玫瑰花、悠扬的乐曲……这简直是太有情调了!对于4号男人来说,到了一个特别优美的意境,他就会不自觉的沉醉于这种氛围中,那是他最开心的时候,也是他感觉最好的时候。当然,一般情况下,都是男人为女人准备浪漫的晚餐,如果做妻子的能反过来为老公准备这么一次富有情调、让人沉醉的晚宴,老公的心底又怎么会不荡起涟漪?感情又怎么会不再一次产生奇妙的化学反应?

总的来说,浪漫的老公,更需要浪漫的你。

4. 若即若离，给他编织一段美丽的梦

孙楠有一首歌叫《若即若离》，其中有几句歌词是这么写的：

忽远忽近，心情随着距离飘浮不定；难舍难离，思念会让人脆弱无力。爱若即若离，我不求山盟海誓的约定，我只想刹那间的美丽成永恒的回忆；都是你，爱若即若离，我不求天长地久的美景，我只愿生生世世的梦徊里有你……

若即若离在中文词典里的解释是：好像接近，又好像不接近。形容对人保持一定的距离，也形容含混不清，这是一种玄妙的感觉。有的女人可能会发出疑问：婚姻把两个人绑到了一起，需要的是坦诚相对，我恨不得把每天发生的任何一件小事都告诉老公，也恨不得时时刻刻都能和老公腻味在一起，婚姻就是实实在在的过日子，和老公保持若即若离的距离，这未免也太做作、太刻意了吧！

千万不要把若即若离这种感觉理解成一种刻意的行为，也不要认为在婚姻生活中保持这种感觉是多此一举，这关键得看是哪种类型的老公了。像4号性格的男人，他是九种性格的男人中最浪漫的一个，他

们喜欢若即若离的感觉，认为“所谓伊人，在水一方”。当与伴侣有了距离，伴侣身上那些不怎么美丽的地方他们就完全看不到了，而且还会无限放大伴侣的优点，从而爆发出对伴侣的热烈的情感。4号性格的男人是非常注重感觉的人，当他感觉对了，他就会认为OK；当他感觉不对的时候，他就会全盘否定，也就是说，他非常重视自己内心的感受。

有的4号性格的男人会说：握着老婆的手，就像左手握右手。当女人的身份由女朋友变成老婆之后，婚姻生活的琐碎代替了之前的浪漫情调，女人已不再是那个让他心跳的女孩儿了，那个精致的女孩儿已被整天围绕老公孩子团团转的家庭妇女所取代了，不能说男人对女人失去了感觉，只是一切都变得太熟悉了，因为熟悉，所以就失去了心动的感觉。打个不恰当的比喻，这就如同我们新买了一台笔记本，刚开始几天，我们会爱不释手，也会像爱自己的孩子一样爱护他，生怕一不小心弄坏了，可是随着时间的推移，就会发现原来任何东西都有不完美的地方，随之那种兴奋的感觉就会慢慢消失，大多数人都有这种心理吧！对于4号性格的男人来说，这种性格特征则更为明显，他们拒绝平庸和平淡的生活，天生拥有浪漫的细胞。另外，平淡的婚姻生活把对方的缺点层层剥开，这一切都会让4号男人产生一种严重的失落感。所以说，那种恰到好处的若即若离式的生活，正是他们所向往的。

吴军说：“结婚四年了，之前对妻子的那种美好感觉再也不存在了。以前我可以在门口一连等她四个小时就是为了送她一束玫瑰花，可是现在，我连一个小时都不愿意等她。倒不是说我这个人是个木头、不解风情，恰恰相反，我是天生的4号性格的男人，渴望浪漫、新奇，可是日复一日的复制着同样的生活，再加上与一个一成不变的女人天天相守在一起，甚至业余时间都泡在一起，彼此之间太熟悉了，就连她的一颦一笑，我都知道暗含着什么意思……总感觉生活如果到了这个份上，实在是太没意思了，有时候，甚至有一种窒息的感觉，累得我都透不过气的时候，我就想逃避。妻子告诉我说婚姻就是搭伙过日子，可是我却非常不赞同她的这种观点，如果婚姻生活真像她说的那样，那我宁愿去死。”

吴军就是典型的 4 号男人，他期待的婚姻是充满好奇和神秘感的，夫妻间最好能保持一段距离，那种若即若离的感觉是最好的了。

也许有的女人会问了，对于婚姻中的两个人，保持到怎样的距离才是最佳的？不理不睬固然不能维持婚姻，而“双面胶”也会让人望而生畏。如果能做到那种若即若离的程度是最好的。有一首歌词最能说明和 4 号男人的相处之道，“我要对爱坚持半糖主义，永远让你觉得意犹未尽，若有似无的甜才不会觉得腻；我要对爱坚持半糖主义，真心不用天天黏在一起，爱得来不易，要留一点空隙彼此才能呼吸……”也就是说，在婚姻生活中，要给彼此间留出空间和自由，这样的婚姻才会持久，不至令人厌倦。就像一杯清水，无糖则平淡乏味；全糖又过于甜腻；而半糖，不甜不淡，味道刚刚好。

那么，如何做个若即若离的女人呢？

第一，不要和老公说太多过去的事。如果你把自己出生到现在所有的事情告诉了他，他对你了解得一清二楚，你就没有隐私了，就会失去神秘感。因此，你必须让自己某一时期的生活在老公的脑海里留下空白，给他想象的空间。比如，你的初恋，你以前的男朋友，这些都是你个人的隐私，说出来反而不好。

第二,编造几个自己讨厌做的事。例如你不想去老公的单位,即使有很急的事,老公叫你去一趟,你坚决不去。你不用解释,他觉得好奇,搞不懂怎么回事,就会注意你。编造这些事,不伤大雅就行。这样会产生神秘感,让老公觉得好奇,然后产生探究的冲动,这本身就是一种吸引力。

我们知道,4 号老公对感情经常若即若离。如果想赢得 4 号的情感,那你对他也要若即若离,这叫"以其人之道,还治其人之身"。面对这种类型的老公，聪明的女人需要做的是要让自己多一些神秘感,多一些不可捉摸的因素,和他保持一定距离,给他编织一段美丽的梦。因为这种类型的男人大都喜欢有神秘感的女人,他们希望女人是一本永远读不完的书,耐人寻味,无限回味。你如果想让你的婚姻更加持久,那就给他一段若即若离、扑朔迷离的感觉吧!

5. 沉溺于过去，带着他去释放

4 号性格的男人有一个典型的特征，那就是不喜欢活在当下，喜欢活在过去，沉溺于过去的那种感觉之中不能自拔。他们最常做的一件事就是独坐在一个角落里沉思，然后发出感慨：如果当时考上大学，现在也不至于找不到好工作；如果当时生意不赔钱，现在也不至于这么落魄；如果……这样的如果太多了，他们总是活在过去的影子里，很难从过去中走出来，经常用过去的幻觉来感受现在，也总是不能释怀，这样的生活太累了！

在 4 号性格男人的意识里，只允许熟悉的感觉和熟悉的人出现，曾经的感觉、曾经的人，他总是很难放下，只要现实的生活不如意或者不能顺他的意，他的思绪就会一发而不可收，把自己完全放在过去的一种意境里，"如果当初……那么现在"，这是他们经常用的口头禅。

在一本杂志上看到这么一个小故事：一位从事精神病治疗的医生有多年的临床经验，在他退休后，撰写了一本医治心理疾病的专著。这本书足足有 1000 多页，书中有各种病情的描述和药物、情绪治疗方法。

有一次，他受邀到一所大学讲学，在课堂上，他拿出了这本厚厚的著作，说："这本书有1000多页，里面有治疗方法3000多种，药物10000多样，但所有的内容，只有四个字。"说完，他在黑板上写下了"如果，下次"。

医生说，造成自己精神抑郁的全是"如果"这两个字，"如果我不是生在农村，而是出生在城市"、"如果我当年不放弃她"、"如果当年我能换一个工作"……

医治方法有数千种，但最终的办法只有一种，就是把"如果"改成"下次"，"下次我有机会再去进修"、"下次我不会放弃所爱的人"……

世事难以预料，谁也不希望倒霉和不幸的事情发生在自己身上，但事情发生了，有的人会很快走出来，但是有的人却总是活在曾经的阴影中，总是设想"如果……将会……"，不断地陷入难以自拔的境地，心理也备受折磨。4号性格的男人就具备这种典型的特征。

如果总是用今天的眼光与标准去评定昨天的事，就会发现很多问题，有些遗憾可能还有机会去补救，但有许许多多的遗憾则永远没有机会去弥补了。4号性格的男人总是把这种遗憾挂在嘴边，也总是活在过去而不能自拔。在婚姻情感生活中，初恋对于4号男人来说，往往是很刻骨铭心的，他会把这种美好的感觉和曾经的恋人放在自己的心里，而且会时不时地拿出来比较，并让自己沉溺于过去之中。

王文说："我老婆是个大大咧咧的女人，她不太懂得关心体贴我，在我生病时，她也不懂得照顾我，只顾和她的那些姐妹儿逛街游玩，一点都不顾及我的感受，这简直太让我伤心了。虽然之后，她意识到自己的疏忽了，并且向我承诺以后要学做一个好太太、好妻子，可是，我却沉默了，因为我在思念我的前女友。说起前女友来，虽然她身上也有许多毛病，但有一点让我非常欣慰，那就是她很在乎我的感受，也懂我的心思。有一次，我的腿受伤了，前女友急得都快掉眼泪了，说实在话，那一瞬间我特别感动，因为从她的眼睛里我看出了在乎和重视。而现在的老婆呢，对于我的生病，不仅无动于衷，还说我小题大做……我现在好像养成了一种惯性，总是摆脱不掉前女友对我的点点滴滴，我也知道妻子是爱我的，只是有点大大咧咧，还摆脱不了童心。可我就是管不住自己，我知道我的思想已经严重出轨了，我也知道这样不好，对不起我的妻子，可有时候就是管不住自己……"

王文是典型的 4 号男人，只要稍不如意，他就沉溺于过去的生活当中，他习惯于把现在的感觉和过去的感觉对比，也习惯于把两个优缺点完全不同的人加以对比。实际上，王文的妻子是爱他的，只是表达方式有所不同，而王文却总是活在过去的那种感觉当中。如果做妻子的察觉到王文的这种小心思的话，能够表现出足够的关爱、足够注重王文的感觉的话，相信王文也不会总是思念前女友。

作为 4 号性格男人的妻子，在关注老公感受的同时，要努力帮助他从过去的生活里走出来，鼓励老公活在当下，做个当下的人，那就带着他去释放吧，把那种不良情绪全部释放出来。

第一，了解他此时此刻的感受。这种类型的男人不轻易向别人表达自己的感受或者感情，所以，做妻子的一定要明白他的这点小心思，经常和他沟通，询问他的感受，最好在一个浪漫的环境氛围里，和老公互吐心声，听听他内心的真实想法。相信你温柔的眼神和温情的关怀一定会叩开他的心扉。

第二，尽可能的展示自己独特的优点。有时候，他总是活在过去，最主要的原因就是过去的人和物总有比较吸引他的美好东西，想让他从过去的模式中走出来，那不妨先从做一个好妻子开始，尽量的展示你的优点，比如说你有时候不够关心体贴对方，但是你足够的活泼，能给别人带来欢乐；你不够漂亮，但你却足够的温柔，能把他柔化掉；你不够可爱，但你却足够的贤惠，能给他带来一个温暖的家……让他看到你这些独特的地方，认可你的独到之处，也让他认识到曾经拥有的固然美好，但是眼前的你也足够有魅力啊！

当然，在帮助他释放的同时，要检视一下自己是否是一个称职的好妻子，尽量不断地完善自己，这才是最重要的。

Chapter 6 精神追求型老公

○类型

精神追求型

○简介

这种类型的人一生都在勤奋学习知识和技能，他们热衷于追求知识，有分析能力，而且对事情的观察非常客观和周密。正因为如此，他们喜欢独处，为的是更好地投入到对知识的狂热追求之中，这样导致他们不善于处理人际关系，可以说是九型人格中最深沉的一类。

○关键词

学者风范，才高八斗，独处，不善交际，太过冰冷，迟钝，木讷，思想的巨人、行动的矮子。

使用时注意事项

这种类型的男人对待感情，也略显迟钝和木讷，做妻子的千万不要失落，因打动人的感情总是朴实无华的，对老公木然的眼神，请运用你的智慧来激活公的情愫，实际上，任何男人都有柔情的一面。

1. 让自己丰富起来,思想的碰撞才能擦出爱的火花

精神追求型又被称之为思想家，这种类型的男人有着丰富的思想,他们博学多闻,热衷于追求知识,喜欢研究专业领域内的课题,他们是“清贫书生”型的人,不渴求物质,信奉知识就是力量,逻辑就是工具。如果失去了对知识的追求,那他的整个精神世界都会崩溃。这种类型的男人往往是上知天文,下知地理,没有他不懂的知识,对知识的渴求到了几近贪婪的程度,他渴望什么都知道,什么都懂得,他要洞悉天下事,所以5号性格的男人会将大部分的时间放在看书、收集资料和分析上,他很喜欢一个人呆在一个大大的书房里,在知识的海洋中遨游。也许对有些人来说,这些事是十分的枯燥无味,但对于5号性格的男人来说,他们却能自得其乐,独自品味其中的乐趣。

具有5号性格的男人往往是追求精神世界的人,只有当他拥有源源不断的知识时,他才觉得自己的心情也是轻松的。5号性格的男人对自己要求特别严格,他们不允许自己有丝毫懈怠,也总是在不断地用知识和智慧来武装自己。当然了,他们希望自己的爱人能和自己站在

同一高度上，他们往往对有思想高度的美女情有独钟，既聪明又漂亮的女性是他们的最爱。在他们的意识里，女人是一本书，有思想的女人则是一本好书，越有内涵越有高度，也越有思想境界，这样的女人对他们有着无穷无尽的吸引力。

宁宁是一个很懂得包装自己的女人，多年来，她一直在不断地提升自己，也在不断地丰富着自己的内涵。三十岁的她，虽然嫁作人妇，也已是一个两岁孩子的妈妈，但她依旧勤奋刻苦，不仅自学成才，拿到了北京最高学府的最高学历，还在北京一个部委做着当时很多女人甚至很多男人都羡慕的工作。

宁宁有一个爱好，那就是喜欢买书，在她的家里，有一个专属于自己的书房，两个书柜摆满了她多年来收藏的书籍。当然了，她可不像某些人买书只是摆设起来以提升自己的品味，她纯粹是为了满足自己的精神世界，那些书已被宁宁翻阅不下两遍。据宁宁说，当初老公追求她，就是因为看上她有一种书卷气，知识广博，而且她的外貌还秀色可餐，正是这些打动了她的老公。

当然了，宁宁还是单位里的一枝花，三十岁的她依旧像二十岁的时候那样爱“臭美”，每天会提早起床把自己收拾的干净利索，化上精致的淡妆，不为别人，就为自己有个好心情。而且，宁宁不会把周末的大好时光都浪费在一些琐事上，一到周末，她把孩子丢给婆婆，自己则到琵琶班去学习弹琵琶，用她的话说：女人就应该多多丰富和充实自己，思想丰富的女人才能得到男人的垂涎和青睐。我们做女人的，应时刻懂得提升和包装自己，不断地丰富自己的内涵和思想，这样的女人什么时候都会显得神采奕奕，潇洒自如，即使无情的岁月已带走了她的青春，但她永远都有着一种吸引人的魅力，何况女人如果不随时给自己充点电，会被这个社会所淘汰的，更会被枕边的那个男人所淘汰，所以，女人还是让自己的生活和思想丰富起来吧！

上述案例中的宁宁是一个聪明的女人，她懂得女人的魅力不仅在于外表，更在于内涵。一个满脑充斥着旧思想的女人在男人的眼里无异于机器或者保姆，这种女人不能给男人新鲜感，时间长了，跟不上男人的节拍，当男人遇到有新思想的美女时，一起婚外情就此发生了。更何况，对于5号性格的男人来说，有着丰富思想的女人才是一本好书，这种女人永远都透着一种书卷气，对他的吸引力远远胜于那些外表漂亮的花瓶。当然了，如果一个女人既有内涵，还有着娇艳动人的姿色，往往是这种类型男人的最爱。

作为一个女人，你虽然不是天生的美女，却可以通过后天的装饰让自己漂亮起来。如果你外表娇艳，内心却匮乏，那你永远都谈不上漂亮动人。因为外表漂亮的女人不一定有韵味，有韵味的女人却一定漂亮。女人，不管什么时候都不要忘记用智慧和思想来武装自己。

世界好书无尽，一个女人若在书卷堆里呆的时间长了，浑身自然而然就会有一种书香，淡淡的香萦绕在女人身边，这种香是名贵香水所不能比拟的。

要做一个务实的女人，要做一个真正生活的女人，即使是读书，也要读一些和自己工作相关的书籍，同时也要关注一下时事、政治、科技之类的书籍，不至于在和同事、朋友，重要的是和老公交流时没有共同的话题，也不至于让别人误认为是个脑袋空空的花瓶。另外，还要多关注一些理财类、保健美容类的书籍，虽然不一定要成为专业领域内的行家，但起码懂得点皮毛，对于自己以及家庭都有着很大的帮助。

对于精神追求型的老公来说，一个女人的气质、智慧还有修养，都是和大量阅读分不开的，因此阅读的女人是美丽的女人，是动人的女人。做他眼中美丽动人的妻子，那就从读书开始，从丰富自己的思想内涵开始。当然了，提升自己丰富的思想，不仅包括读书，还包括要用其他特长来装扮自己，比如懂得一种乐器、画画等，凡是能丰富自己思想及精神的事物都可以涉猎。

2. 尊重他的私人空间

这种性格的男人很怕被别人打扰，如果无故被别人打扰，他们会变得异常生气，甚至讨厌和憎恨对方。独立的时间和空间对他们来说显得尤为重要，为了保护自己的个人－私密不受外界干扰，喜欢把自己封闭在一个私人的空间里。他们所追求的情感模式是纵使相爱，也要保持两个人各自的独立空间。对他们来说，无论和另一半多么亲密，也无论多么爱对方，他们也不可能日日夜夜与对方厮守在一起，而是要保持各自的私人空间来喘喘气，去思考思考自己的事情和问题，这样才不会觉得被别人过分侵犯，才能重新找到一种快乐的源泉，得到短暂的休息才能再一次整装待发迎接生活所赋予的磨难。实际上，男人有时候很累，他们的压力也很大，在累的时候、压力超负荷的时候，他们也需要停下脚步以补充活力，这时候女人不要去打扰他，不要去侵犯他的时间和空间，应尊重他，让他拥有自己的私人时间和空间，因为这时是他最需要安静的时候。

我有个异性朋友是典型的5号性格，他在大学从事教学工作，特别不喜欢被别人打扰。他说:“当我独处的时候,如果有人来打扰我,我就有种发疯的感觉。同事们和家里人都知道我有这么个习惯,所以,从不轻易进我的办公室和书房。当然,我的丈母娘除外,她是第一个敢随意敲我书房门的人。一次,刚来的一个同事,也是我的助理,一上午接连两次闯进我的办公室,我简直气极了。于是下午的时候我在办公室的门上贴了一张纸条:请不要随便打扰,除非有十万火急之事。”

这就是典型的5号性格男人,他们不喜欢被打扰,习惯于拥有自己独处的空间,对于随意打扰他的人,无论是他多么亲密的人,他都无法容忍。

实际上,人与人之间是需要空间的,并不一定抱得越紧就爱得越深。尤其是这种类型的男人,他们更需要有点私人空间来积蓄精神力量。聪明的妻子应多给他些私人空间,多一份信任,宽松地对待情感相信你的收获会更多。

但有的女人,一旦爱上一个男人,和这个男人步入婚姻的殿堂,就非常喜欢将自己的触角伸及男人所在的各个领域。在男人拖着疲惫的身体下班回到家想一个人在书房里待一会儿的时候,女人却偏偏缠着他聊天;当男人坐在藤椅上抽烟小憩的时候,女人却偏偏要强制他喝上一杯牛奶,殊不知,你已打乱他的思绪……有时候,男人是很反感这种女人的,在他们独处的时候,是最不愿意别人打扰的时候,也只有在这个时候,他们才能静下心来好好地休息一下。你离他太近的话,他会逃离。当然了,对于精神追求型的男人,他们更希望自己能有个相对独立的空间,在自己这一亩三分地里,他们可以尽情地发挥,尽情地畅想,再加上这种类型的男人酷爱沉浸在自己的精神世界里,所以,他们更需要独立的私人空间。

晶晶的老公王昊是个研究员，每天除了看书就是摆弄他的那些机器设备，只要工作起来，他就浑然忘我，甚至忘记吃饭睡觉。为了撰写研制最新设备的方案，王昊更是从全国各地买来各种各样的机器零件，办公室放不下了，他就统统把它们放进他的书房。每天回到家，他多半窝在书房里，看书、做分析、观察，泡上一杯茶，他一忙能忙到半夜。

有一次，他正在书房里捣鼓着那些零件，妻子晶晶敲门让他过来吃饭，敲了三次门，他都没有应声，晶晶一气之下推开门，生气地说："你还吃不吃饭？"王昊却还在那儿自顾自地钻研着他的那些宝贝儿，嘴里不时自言自语地说些什么专业术语，突然表情严肃地说："没看见我在忙吗？请不要打扰我！"更气人的是，王昊每次回到家，都把自己关进书房，不是捣鼓他那些设备，就是躺在椅子上一个人发呆。晶晶对王昊也越来越不满意了，因为这样的事已是一种连续性的行为，不得不使晶晶怀疑是她自己出了问题，才使得老公王昊对她越来越冷淡，越来越疏远。她甚至经常向她的朋友抱怨："他怎么能这样呢？宁愿把自己关在书房里发呆，也不愿出来和我聊会儿天，难道我们之间的感情有裂痕了吗？是我什么地方做错了吗？"

晶晶和王昊之间的感情没有裂痕，只是像王昊这种精神追求型的男人，他们太需要自己独处的空间了，这对于他们来说是一种思想上的真正释放和寄托。实际上，在生活中，有很多男人都有这种习惯，他们有时候希望自己独处，不再受到外界的干扰，这正是他们心灵放松的时候。对于老公的这一情况，妻子们确实不用小题大做，不要因为一些无谓的猜疑引起太多不必要的误会。

所以，作为妻子，一定要理解他们并尊重他们，尊重他们独立的私人空间。换句话说，你给他空间的同时也给了自己。他可以做他自己想做的事情，你为什么不可以？要知道，婚姻虽然是一个整体，但同时它又是两个不同的个体，不能因为婚姻的介入而让彼此受到约束，进而失去了自由。爱情和婚姻一样，像一盘散沙，抓得越紧，流失得越快。有的女人一旦爱上男人，就把这个男人作为中心，对于婚姻中的女人更是如此，全身心地投入到家庭和丈夫身上，这种投入让女人变得没有自我，以致患得患失、失魂落魄。而女人的这种步步紧逼，刚开始可能带给男人的是一种被重视、被爱的幸福感，但是时间长了，男人会感觉到压力，这种压力甚至让男人受不了，于是乎，男人就想方设法地逃避。这样，看似恩爱幸福的两个人却貌合神离起来，婚姻就此开始出现问题了。

真正聪明的女人懂得如何经营爱情、经营婚姻，她们会给男人自由的空间，不会让男人感到压力。当然，她们更不会把所有的一切都给男人，唯独没有自己。在她们的世界里，即使没有男人，生活依然精彩。

3. 行动吧，带着他走出社交“侏儒”的影子

由于具有这种性格的人特别喜欢独处，人际交往会让他们失去这些空间，饭局、约会更会侵占私人时间，所以，他们很惧怕社交活动。有时候宁愿呆在一个角落里思考问题，也不愿意在人多的地方觥筹交错来扩大自己的人际关系，他们是非常抵触这种场合的。因为他们认为这种社交场合都很“肤浅”，都是些恭维的话，谈话根本就没有什么深度，这种场合与他们思想的距离差得太远，所以，他们很难接受这种社交场合。这种性格的人喜欢独来独往，不喜欢成为众人瞩目的焦点，即使参加团体活动，他们也会坐在门口，在其他人不注意的时候方便瞬间逃离。

这种类型的人不善于搞人际关系，也是九型人格中最深沉的一个类型，他们通常给人的感觉是很沉默、冷血、不够热情。在夫妻感情沟通方面，他们也是经常板着一副面孔，显示出很排斥的态度。实际上，并不是他们不爱对方，只是他们不善于沟通。总的来说，还是出于他们不善于与别人打交道、不懂得该如何与自己以外的人相处。

人本来就具有社会性，在这个社会中，说得大点，谁也离不开谁，大家只有互相合作才能共同进步成长，一个人自我封闭起来，即使他再有学识、再有才能也不会得到充分的展现。生活在这个庞大的社会中，是要学会社交、与大家共处的，这样才能开阔眼界，才能满足渴求知识的天性。因为每个人都有一定的局限性，生活的内容、生活的环境、生活的经历都被内外的因素规划了、圈定了，由此产生的视野、经验、心胸便容易被约束、被限制。当然了，这种社交更是一种情感的沟通和交往，人与人之间只有通过不断地沟通和交往才能产生浓厚的友情、爱情、亲情，而且长时间的把自己封闭起来，会给别人留下一种冷漠、无情的印象，更会产生一种严重的自闭心理。所以，任何人都要有自己的社交圈子。

但是，这种性格的男人就是思想的巨人，社交的"侏儒"，想要让他们走出社交"侏儒"的影子，是要费点心思，这需要妻子的协助来帮他们走出社交恐惧心理。看看秋芳是怎么做的。

秋芳的老公阿南有着严重的自闭心理，他不喜欢与人交往，经常独自一人呆着，即使有朋友来家里做客，他也是说不了两句话，就借口出去或者干脆躲到书房里。所以，他的朋友特别少，除了几个大学同学之外，参加工作十多年了，没有结识一个新朋友。单位里有什么活动或者聚会的话，他也基本上不参加，慢慢地，大家都把他当成"隐形人"，有什么娱乐方面或者聚会的活动，都不再告知他，因为大家都认为他很难融入公众的圈子，觉得他是个无趣的人，自然和他的交往也就少了。

实际上，在结婚之前，秋芳就发现阿南不爱交际，只是当初出于在追求秋芳，所以表现得就稍微积极了一点。可是，结婚之后，他的这种自闭倾向就慢慢地暴露出来了。一个男人，不爱交际，不仅对事业发展没有任何帮助，而且长此以往，还会形成一种自闭的心理，对身心都不利。所以，秋芳决定帮助阿南走出社交"侏儒"的影子。她有意无意地带着阿南到人多的场合，比如说参加彼此间朋友的聚会，并且经常温柔地和阿南交心，让阿南把心里的结打开，阿南知道妻子的良苦用心，为此，他也特别配合秋芳，为了回报妻子的这一番苦心，他也暗自下决心让自己走出去多交交朋友。

有时候，这种类型的男人不善社交也是出于他们太压抑自己了，不敢与别人交往，害怕与别人交往，天长日久，就形成了一种自闭的心理。如果你的老公有严重的自闭倾向，那就行动吧，带着他走出社交"侏儒"的影子。

第一，温柔和耐心的交流。若想与他们有心灵的交流，必须要以温柔和耐心开始，何不打开心扉和老公深入地交流一下？让他感受到人与人的交流是多么美好的一件事，欢乐能同别人分享，忧愁也有别人来分担，人与人之间不正需要这种情谊吗？当然了，这需要妻子温柔和耐心地向他传达这种感觉，也许在与你深入交流的同时，他已体会到这种感觉了！

第二，鼓励老公参加集体活动。让你的老公多参加一些集体活动以改变他自我封闭的习惯，逐渐扩大交际圈，例如在周末清晨时，拉着你的老公到公园或广场参加集体晨练、跳交谊舞、扭秧歌等，或者鼓励老公多参加一些同事间或者同学间的聚会，这都是很好的办法。

对于这种类型的老公，做妻子的我们给予他们私人空间的同时，也要注意防止他进入社交“侏儒”的怪圈儿，要时刻提醒他：“这样的态度让你看上去缺乏人情味，平时你要多多留意，多一些笑容，跟大家多接触接触，这会加强你的人际关系。”

4. 面对感情迟钝木讷的他，用你的智慧来激活

这种类型的男人是100%用脑做人的人，他们是不懂感情的，对感情很恐惧，也很迟钝，感情状态基本趋于木讷。他们也不喜欢亲密的感觉，无论是感情上的亲密，还是肢体上的亲密，他们只是将自己放到求知的精神世界里，其他像夫妻间的感情，他不懂得体贴，也不懂得关心，他们的脑袋永远如泥土一般僵硬不开窍，他们的眼睛也好像被泥土封住一般，无法看见女人渴望体贴的目光。对于女人的异样、女人的痛苦、女人的坏情绪……他们根本察觉不到。在他们的眼中，你的上妆和卸妆是没有任何变化的，更不要指望他们会去体贴你心情的变化。

安心有痛经的毛病，快下班的时候，她差点又晕倒过去。好不容易打车回到家，她连站的力气都没有了，难受得蜷缩着身体躺在沙发上。老公回到家，安心哼哼唧唧地向他撒娇，说："老公，我肚子难受。"没想到老公不紧不慢地说："左边疼还是右边疼？"安心一听情绪就来了，敷衍道："都疼！"老公根本没听出安心的情绪和敷衍，还认真地追问，最后告诉安心说："到左边的床头柜拿一盒乌鸡白凤丸吃吃，

连续吃一周……”安心气得更难受了，心想：“什么老公，我需要的是你的关心啊。”

更可气的是，当安心告诉老公今天因为难受，自己没什么胃口，也不做晚餐了，让老公到外面餐馆去吃点。她满以为，老公在外吃完饭之后，肯定会给她带回一份热腾腾的饭菜或者汤水。可是，老公一直到将近十点钟才回来，不仅没有带晚餐回来，而且敷衍安心道：“这么早就睡了呀！”便转身走到客厅拿起遥控器看电视去了。

安心的心情，瞬间降到了冰点，直到老公钻进被窝发出了鼾声，她的坏心情也没有丝毫变好的迹象。她怎么也想不通，为什么老公一点都不懂得心疼她？她只是需要他一个温暖的拥抱和一句关心的问候，可他却不懂。不只是今天，老公似乎从来都不懂得体贴自己，也不懂得关爱自己，安心想着想着，竟然委屈得哭了……熟睡的老公听到安心的抽泣声，转过身来问安心：“现在很难受吗？喝一碗红糖水，会好点的。”说完之后，又继续睡觉……

这个案例说明了什么？是老公真的不懂得体贴安心吗？我想并不是老公真的不懂得体贴安心，只是他的方式欠妥，而且他不太了解女人的心思，误把女人的口是心非当成心口如一了，用老百姓的话讲就是比较实诚的一个人。不过话说回来，故事中的安心也不太了解老公，她不明白对待这种人有时候需要运用一点技巧和智慧，这样才能激发出他的情愫。如果安心此时直截了当地对老公说：“我告诉你我不舒服，只是为了让你关心一下我，至于吃什么药，怎么吃，我比你心里更清楚，我需要的是一个温情的拥抱和一个关怀的眼神。我那么难受，一点东西都吃不下，可是你在外面吃饱喝足，根本就没过问过我的感受！

你知不知道我很需要你,需要你的关怀……"直接告诉老公自己的想法和需要,相信老公即使再木讷,这么简单的话他还是能听得懂的。

这种类型的老公不懂得体贴,甚至愚笨到在女人最需要他关心的时候都始终不明白,还自以为是地用自认为很关心对方的方式来回应女人。这样,女人自然是不能接受的,因为她需要的根本不是男人所给予的。对于这种男人,也许很多妻子们觉得没了希望,并且安慰自己说:"只要夫妻俩和和气气的,他脑子木就木点呗!"这种想法,只能让男人的情感变得更加迟钝和木讷。实际上,没有人生下来就会关心别人,也没有人生下来就对感情很迟钝,每个男人都是一块未经打磨的璞玉,需要女人用自己的耐心和毅力慢慢雕琢。对于这类感情木讷型的老公,只要女人稍微用点智慧就能让男人对你更加体贴了。

第一,灌输他体贴的思想。如果女人要想得到这种类型老公的体贴的关怀,那得下点工夫灌输他体贴的思想。要适时地告诉男人自己的需求,比如劳累了需要得到他的安慰,生病了需要得到他的照顾等等,把你的需求直截了当地告诉男人,只要工夫深,铁杵都能磨成针,何况是每天浸泡在生活细节中的男人呢?

第二,不要去考验他。这种类型的男人对待感情问题本来就很迟钝了,所以,作为这种类型男人的妻子,就不要绞尽脑汁的去考验他了,也不要拐弯抹角的和他玩心思。需要从他哪里得到什么,不妨直接告诉他,这种方式对于这种类型的男人最管用不过了。但是有的女人就是不明白,而且女人大都表现比较含蓄,对于内心的真实需求肯定是不会直接地说出来,只是通过一种间接的方式来表达。殊不知,这种方式对于某些男人来说的确是一种矜持的美,但对于具有这种性格的男人来说，他们只会从字面意思去理解，根本不明白你的真实意图。所以，从现在开始，你要明白，对待这种类型的老公，直接的表达比含蓄的表达更能让你得到浓情蜜意的情感。

女人，请不要在乎男人木然的眼神，运用你的智慧来激活男人的情愫，实际上，任何男人都有柔情的一面。

5. 给你一个神圣的任务:让你的老公行动起来

有个朋友的老公是属于那种只想不做的人，你无论问他一些事情,包括现在市场上流行什么项目,做什么生意比较赚钱……诸如此类的问题,没有他不知道的。只是他想归想,从来没有实施过。他就是那种典型的思想的巨人、行动的矮子,用他的话说:“我习惯于想,但不习惯于做,至于怎么做,那就交给别人吧！我想过了、也想到了就不会有遗憾。”

不用说,这位男士是典型的5号性格,他们沉迷于妄想,只想不做,一件事该怎么进展,他们在自己的脑海里非常有条理、有依据,至于怎么做,他们却抱着事不关己、高高挂起的心态。

我的一位叔父,是一个非常严谨的学者。记得有一次和他谈起爬长城的话题,叔父非常兴奋地说北京的八达岭怎么爬,宁夏古长城怎么爬,甚至野长城怎么爬,等等。过后,我问他的女儿:“叔叔爬过哪些长城?”表妹狡黠地笑了一下:“一座也没爬过。”只要清楚,但不一定行动,这就是5号。

5号性格的人就是这样，他们观察和分析的能力特别强，也喜欢收集资料，虽然他们的思想活跃，但行动力却不够，而且也显得比一般人笨拙。甚至导致他们的生活技能很拙劣，比如电视、冰箱等电器他们都不太会操作，不过他们对电视、冰箱的工作原理却掌握得明明白白。

这些充分说明5号性格的人行动力低下，也总是犹犹豫豫的，慢慢的，拖延的习惯就在他们的骨子里生根发芽了。

有一位男士说："我已是而立之年，也已结婚生子，按说这个年龄阶段的男人应该是敢闯敢干、凡事都想一显身手的阶段，但我却还是有拖拉的习惯。明明有很多事情等着去处理，而我却总是等了一天又一天，非要等到'火烧屁股'的时候才去敷衍一下……我知道今天该做这件事，但是我今天情绪不好、状态不好、条件不好、这样那样不好，这件事肯定做不好，还是明天再说吧！可是第二天，就又什么都不记得了……"

这位男士所描述的特征都是5号性格的人所具备的特征，他们爱拖延、不够积极，是因为唯恐在前行中给自己带来麻烦和不悦。其实，这是一种恐惧和退缩行为。在家庭生活中，作为妻子，我们希望老公能慢慢地成长起来，能变得更加优秀，最好在事业中也能出人头地。而且每天面对老公的退缩行为或者光想、光说但没有实际行动的行为，做妻子的心里也一定会很烦恼，只动动嘴皮子事业就能做起来吗？事情就能做圆满吗？是傻瓜都明白，光说不做的人永远都是思想的巨人、行动的矮子，没有行动，事情就没有任何实质性的进展，离成功还有一大截；没有行动，任何事情都停滞不前。一个总在原地踏步的人还何谈成功？我想，做妻子的我们都不愿意看到自己的丈夫在事业中停滞不前，也不希望看到他总是给人留下说空话的印象。

这种类型的男人尽管有着像巨人一样的思想，却像矮子一样去行动，在行动的过程中永远只在脑子里做文章，“我要怎么样……”这只是充斥在他们脑子里的一句话，却始终没有付诸实际行动。“我要带你去探险”、“我要带你去国外旅游”、“我还要带你去看海上日出”、“下个月发了薪水，便给你买下那条你看中好久的紫水晶项链”、“下部美国大片一上演，我就和你一同前去欣赏”……于是你美美地等啊、盼啊，到头来都是一场空。他脑子里想的事情太多了，可是答应你的事很少能兑现，让你美丽的梦想和期待一次次地破灭，“这个家伙也太不遵守诺言了，只会让人做美丽的白日之梦”想必你对他也有些小小的想法了。那就赶快行动起来，想想招式或者办法让他行动起来，做妻子的我们当然对这个行动“侏儒”不能袖手旁观啦！

第一，督促他去完成计划做的事。如果他答应了你或者其他人一件事，那你就负责做起“监工”的角色，看他是否按照他说的去执行了。比如他答应带你去看海上日出，虽然口头承诺了，但是一直没有付诸于实际行动，这时，你就要不断地对他进行旁敲侧击以提醒他，“老公啊，看海上日出一定是一件很浪漫的事”、“老公啊，在家里挂一幅蓝色大海的图片吧”……如果经过如此般地提醒，他还是对你的话没有任何反应，那就不妨直接地对他说：“老公啊，你答应我要去看海上日出的，我已经做好充分的准备了，好期待啊，你可不许反悔啊！”如此的明招暗招都使上，相信他想逃也逃不了啦。

第二，鼓励他去体验。他的脑海里积满了深奥的理论和知识，他也总是能有理有据、滔滔不绝地说上一箩筐，他也可以告诉你某个事物有什么特色，讲得绘声绘色，好像身临其境……但他就是不善于行动，做妻子的要注意了，千万不能让他沉浸在一个理论数据的知识世界里，鼓励他去体验，这样的理论加实际行动才是真知灼见。

只有把想法付诸实际行动上，才可能离梦想越来越近。一定要行动起来，把他丰富的知识和智慧发挥出来，实现它们的价值。否则，即使有一肚子墨水、一肚子的思想，也只能烂在肚子里了。

Chapter 7 忠贞不渝型老公

○类型

忠贞不渝型

○简介

这种性格的男人被称为好好老公、好好先生，他们在追求一种平淡无奇的生活，对感情表现得也非常忠诚和专一，前提是他足够信任妻子，不过他们大部分时候不太信任别人，疑心过重，那是因为他们极度缺乏安全感，怕被人抛弃，缺乏关爱。

○关键词

忠诚，专一，平淡，担忧，恐惧，疑心，妄想狂，无决断力，妥协，过度谨慎，懦弱。

○使用时注意事项

他们没有胆量，没有安全感，也没有决断力，有时候甚至有点窝囊、懦弱、优寡断，都是因为他们希望平安、稳定。正因为如此，所以会产生一种恐惧和担，担心这，担心那，没有他们不担心的，做妻子所能做的就是给他安全感，要好好珍惜他。

1. 打消他的疑心，给他安全感

这种类型的男人天生爱怀疑，即使是共同生活了几十年的夫妻，他们也会怀疑对方的动机，哪怕是正面的行为、善意的举动，也不能避过他们质疑的眼神。因为他们天生缺乏安全感，总是处于一种焦虑和自我保护的状态中，为了使内心得到安稳与安全，他们会给自己设置无数的疑问，通过这些疑惑或者疑问，再去寻找答案，当这些疑惑得到最终证实的时候，他们才会得到安全感。

实际上，疑心是人的一种正常心理，在无法把握事实真相的时候，人们通常都会持有这样的心理。相信各位姐妹们也是深有体会，猜疑他是否有婚外情，是否变心了……力求在异样的变化之中寻求点滴的蛛丝马迹，但最后都是子虚乌有的事。男人有时候也是特别的有疑心，尤其在6号性格的男人身上表现得尤为突出，他们有时候疑心太重，处处神经过敏，事事捕风捉影，一句话、一件小事都可能引起误会，轻则心存芥蒂，重则引发矛盾、冲突。

说起猜疑，让我想起了在动物的世界中，很多鸟类出于防范的本能，对任何事都怀着疑心，甚至达到了登峰造极的地步。北美绿鸟就是其中一种。它是住在海边岩石上的一种候鸟，一生多疑，每次从外边回到巢穴，都要站在窝边左右观望，长达半小时不肯进窝，唯恐窝里会有埋伏。小绿鸟出生后，大绿鸟更会疑心重重，任何一点风吹草动都会令它们惶恐不安。因此它们成天将小绿鸟叼在嘴里，从一块岩石上飞到另一块岩石上，用不断转移的方式缓解着自己的疑心。而很多小绿鸟，因为被大鸟叼来叼去，通常在出生后不到10天，便摔死在岩石上。北美绿鸟因疑心太重可谓付出了惨痛的代价。

打个不太恰当的比喻，这种类型的男人就有点像这种北美绿鸟，他们整天疑神疑鬼。怀疑起别人来毫无根据却又对此深信不疑。具备这种疑心病的人实在是太让人痛恨了，不知道什么时候就被他们扣上或不忠或缺乏爱的帽子了，真想对他发泄一气，大骂一顿，严重地鄙视他。哎，但他已然是自己的老公，做妻子的我们只能去爱他，去改善他，去帮助他，给他心理上的安全，让他放心、安心。姑且抛开男人的怀疑给我们带来多少痛苦不说，他们之所以怀疑，也是对你的一种在乎，如果不在乎，还哪来的猜疑？只是他不善用信任的方式，而是用猜疑的方式来对待对方，方式不同，但内容却相同，皆因太在乎对方。

看在他是出于爱我们的份上，做妻子的我们还是原谅他的疑心吧，用点小智慧打消他的疑心，给他安全感。格格就是个聪明有头脑的妻子，面对疑心重重的老公，她不生气，也不对他发火，而是巧妙地耍了些小心计，最终消除了老公的疑心，看看她是怎么做的。

格格在一家建筑公司工作，她的同事多为男性。由于工作的原因，有时候下班回家，同事还会打电话和她商量工作上的事，日子一长，老公就对她产生了怀疑。有事没事到格格的单位来个突然袭击，甚至查看格格的信件。有时候，格格晚上加会儿班，他也像跟屁虫似的跟到办公室。格格慢慢地察觉出了异样，但她认为自己与男同事的关系是正常的、清白的，就没放在心上。老公的疑心越来越重，竟然限制她的自由。格格觉得太好笑了，心想老公怎么这么小肚鸡肠啊，得好好的治治他的疑心病。于是，她想了一个办法，用这种开玩笑的方式彻底把他打败。

她写了一张比较暧昧的约会纸条：一日不见，如隔三秋，晚上七点在上岛咖啡不见不散。落款人：强子。她把这张纸条故意放在茶几上，老公回到家看到桌上的纸条之后，果然中计，气冲冲的跑到咖啡厅找格格算账。只是到了咖啡厅所看到的一切让他有点意外，格格笑眯眯盯着大步迈进门的老公，他一下子愣住了，两人对视了几分钟，这个大男人刷地一下满脸通红，因为他意识到格格是在"捉弄"他，顿时深感自责与惭愧。不过明理的格格并没有责怪老公，只是温情邀请老公与她共进晚餐。这次"捉弄"游戏让夫妻俩的感情越发的默契，老公对格格的疑心也从此打住。

格格的老公是典型的怀疑狂，承受不了来自妻子的"风吹草动"，面对如此爱怀疑的老公，我们心里当然不痛快，很想对他发作一番，但是发作根本解决不了问题，只能加剧夫妻间的感情裂痕，所以还是熄火儿吧，运用一种很理智、很智慧的小聪明把这场风波摆平，这才算是你的真本事。

第一，及时沟通，解除疑惑。当老公对你心存怀疑时，不要沉浸在生气的痛苦之中，应该和对方及时沟通和开诚布公的交谈，这样往往能化解彼此间的矛盾。但是沟通时,一定要坦诚、真心,最好是在一种轻松、融洽的环境中进行,这样的氛围有利于彼此坦诚交流,也更容易把自己内心的真实想法,或疑惑、或焦虑,都告诉对方。

第二,要有积极的思维方式。夫妻间一旦出现猜疑,要多想几种可能性,尽量往好处想,想想老公之所以会这样,都是出于对你的爱,对你的在乎。那就不要和他计较了,找个机会和他好好解释解释,把事情说清楚,所有的疑团都将化解,这样你就豁然多了。

如果发现你老公总是对你疑神疑鬼的,先不要去责备他,先检讨一下自己的行为是否让老公产生不安了——

经常性地和异性通电话、发短信,你有没有想过老公的感受;

习惯性地晚回家,你有没有想过老公的感受;

和其他异性朋友打情骂俏、眉来眼去,你有没有想过老公的感受,等等。

当然也许你是无心的或者只是自己随意开的一个玩笑,尽管在你看来没什么,但却让老公的内心犹如浪花激起千层波,产生层层涟漪般的猜疑。好了,不要让他再猜了,把他的疑心扼杀在摇篮之中,不要再继续滋生下去了。

2. 平淡无奇的生活足以安抚他那颗不安的心

6号性格的男人一生中都在寻找一种安全感，他们认为人有时候不能有过分的野心，踏实地前进就好，不要冒险，因为冒险就意味着风险。一辈子平平安安的就是福，那种平淡无奇的生活尽管被某些人嗤之以鼻，但对他们来说，却是最美好的一种生活状态。如果有人问6号男人：难道不觉得这样的生活很无趣？难道不希望过更刺激、更活泼的生活，享受轰轰烈烈的爱情？6号性格的男人会很从容地回答：还是觉得没有什么比安定的生活更重要。因为在他们看来大风大浪的生活只能获得一时的刺激，从高处跌下来的时候反而更痛苦。当然了，对婚姻和爱情的渴求也一样，他们从来不渴望浪漫的婚姻和爱情，只想平平稳稳的来维持一个安定的家庭，过一种安定的生活，这足以安抚他那颗没有安全感的心。当然了，这一切并不能说明6号性格的男人没有上进心、没有梦想和追求，6号性格的男人也想通过努力使自己的生活水平有所提升，不过，他们只是默默地耕耘，不会痴迷到狂热的程度。不像现实生活中某些人，为了显赫一时，不惜一切代价；为了能拿到奖金，不择手段地去诬陷其他同事；为了能升官，不顾尊严阿谀奉承；在影视界，为了能上一个主角，甚至出卖色相；为了能考班里第一，能作弊就作弊……为了能够成功，为了达到目的，甚至不惜一切代价。

6号性格的男人恰好与这种类型的人相反，他们向往的是一种平淡无奇的生活，与其在欲海中争得你死我活，甚至头破血流，倒不如在平淡中奋斗，寻求稳定的发展，这是他们信仰的生活模式。不过这种模式和状态，却被某些人或者是女人认为是不思进取、不求发展。所以，有时候这种类型的男人活得十分痛苦，究其根源大都是因为有一个野心勃勃的妻子，常常被她们逼迫着去做超出自己能力范围的事。

思思和她的丈夫结婚已经十年了，还有一个女儿，一家三口倒也和和美美，是别人眼里羡慕的三口之家。每天下班回家，夫妻俩一起做饭、吃饭，然后辅导女儿做功课，有时候，夫妻俩还打情骂俏一下，很是甜蜜。日子就这样一天天的过去了，刚开始，思思对这种生活状态倒也很满意。不过每天重复做相同的事，她越来越觉得程序化了，生活也越来越乏味，没有以前恋爱时的浪漫与激情了。而且在思思的眼里，老公也越来越不上进了，结婚好几年，一直是个科级干部，每天过着朝九晚五的日子。她希望老公能有出息，希望能过人上人的生活，出于对老公现状的不满，她一天到晚给老公施加压力，“老公，孩子要上中学，将来上大学，花钱的地方多的是，你看你的工作一直处于停滞状态，再这样下去怎么能行啊？”“男人就应该奋进，你不能再这么不思进取了，想想你都什么年龄了，再不努力的话，马上就要退休了！”“你看我同学的老公，前几年就提副处了，再看看你，这么多年来始终还是个科级干部，我和孩子都跟着你丢人。”……这些话都是思思经常数落丈夫的口头禅，刚开始丈夫都默默无语，忍忍也就过去了。可是思思越来越口无遮拦，有些话实在是在挑战男人的极限，性格再好的男人都受不了。老公越来越愤怒了，一气之下就和思思大吵了一架，这让思思非常诧异，因为结婚多年，老公和思思从来就没红过脸。

思思哭着向朋友诉说自己的委屈："我整整跟了他十年，吃苦受罪我都不怕，我说他几句，他就和我翻脸，再说我都是为了他……"

很显然，思思根本不懂得丈夫，而且也不理解丈夫。这个世界上，并不是每一个男人都能成为将军或董事长。但是，由于社会对于拥有高职位人的名声过于夸大，让人们觉得那些满足于低职位的人都没有上进心。女人意识到这种情形，就会提出不合理的要求，认为不论从地位和收入上来看，自家男人都应该超过邻居、朋友家里的男人。事实上，这是一种极其错误的观念。

如果你爱自己的丈夫，那就鼓励他，和他一起奋斗，你的丈夫一定能够获得更高的成就。但是，一定不要逼迫他做自己能力达不到的事情，或者给他太大的压力。

如果你是一个聪明的女人，就不要试图去改造男人。其实，婚姻生活本来就应该是平淡的，平淡的就是幸福的。不是有一首歌唱得好嘛，"不管明天要面对多少伤痛和迷惑，曾经在幽幽暗暗反反复复中追问，才知道平平淡淡从从容容是最真……"平淡的生活才是一种真实的生活，这种生活状态又有什么不好的呢？

尽管生活很平淡，尽管眼前的这个男人很平凡，但正是这种平淡和平凡才是一种幸福，而且平平淡淡的生活才是最真实的，也是最长久的！所以，请珍惜这种生活吧，也请珍惜眼前的这个男人吧！

3. 珍惜他，做他最忠诚的“粉丝”

这种类型的男人被称为忠诚者，他们对爱情、婚姻非常忠诚，是绝对忠贞专一的好男人，当然前提是能够取得6号性格男人的足够信任，这样他才会对你掏心掏肺。如果婚姻中出现了问题，他也会积极主动站出来解决，而不是像某些男人那样总是以回避的方式来对待。当需要夫妻双方一致对外时，这种类型的男人是绝对的忠诚伴侣，他会使出一百二十分的劲儿来维护伴侣的利益，什么时候，他都会把伴侣放在首位，他遵循“对方的就是自己的、自己的就是对方”的原则，既然是一家人，他会绝对的忠诚于伴侣。

这种性格的男人就是那种过日子型的男人，他有着一种石头般朴实的性情，也许有些乡土气息，不懂得玫瑰花的浪漫，有时候又过于老实木讷、呆板、不开窍，缺乏激情；太过虚幻的东西，他不懂、也不屑，但他却是实实在在、能靠得住的一个男人。只要能得到6号性格男人的信任，他们是非常愿意付出自己的情感和真心的，在古代的一些民间传说中，像《牛郎织女》、《孟姜女》、《梁山伯与祝英台》和《白蛇传》，它们的男主角董永、范喜良、梁山伯、许仙都是6号性格的男人，仔细想一下这些人，他们虽然都有些木讷、呆板，但为人特别厚道，对爱情也特别忠诚。

有的女人有时候总是处于一种很矛盾的状态中，她们渴望浪漫的生活和多情的男人，但又担心他过于飘忽，而抓不住他“变心的翅膀”；找个安全系数高的男人，又担心他过于木讷和迂腐，这样枯燥没有激情的生活她们又觉得很没意思，真是两“男”选择。

实际上，浪漫是什么？浪漫只是一种感觉，也许他很“乡土”，也不懂得什么情趣，但他在你生病时却能为你递上一杯水和几粒苦口良药，并且以命令的口气命令你吃下去，此时的你是否会很感动？当你为一点鸡毛蒜皮的事情闹得鸡飞狗跳的时候，他在旁边只是默默无闻劝你不要气坏了身体……只要有了爱的感觉，哪怕他是铁面无私的包公，相信你仍然能从他的身上找到一种不一样的感觉，这种感觉难道不是浪漫的感觉吗？虽然很平实，没有跌宕起伏，但安全而且美好。作为婚姻里的女人，往往最在乎的是老公能否给我们安全感，面对这么一个忠诚而又实在的男人，我们没有理由不去珍惜他。

有这样一对周末夫妻，他们也只能在周末的时候小聚一下。这短暂的两天相聚，却让他们享尽了浓情蜜意。他们无非就是一同去菜市场买买菜，不过每次都像去选购新婚用品那样用心。因为是周末，市场上人多，他们只好一前一后地挤着过，老公在前，每每这时，他总会悄悄地往后伸出手来，等着太太去牵。买回菜之后，老公也是在厨房里忙来忙去，还时不时地给太太一个惊喜，因为他知道太太喜欢吃酸菜鱼，所以专门买了几本菜谱，甚至从网上下载了很多关于做酸菜鱼的资料……这位太太曾私下说："去牵那只大手时，总是很温暖，有种幸福的感觉洋溢心头，虽然我们的生活很平实，他也只会给我做个酸菜鱼，不像别人红酒玫瑰花的那样浪漫，不过我已经很知足了……"所以，即使老公不在身边，她也不会胡思乱想，因为她知道老公的爱虽然不够有情调，但却很朴实、很安全。

是的，这种感情虽然不怎么绚丽多彩，但却也朴实无华，这样的男人平凡、亲切、细致、知心，是懂得用心生活的人，在他们那里得不到玫瑰花式的浪漫，却能得到让人安心的温情，什么样的浪漫能比温暖自己心房的男人更重要呢？在这个浮躁的社会，有些女人很容易放弃平凡而追求浮华空洞的浪漫，其实，最朴素的浪漫和幸福，就是和心爱的人一起提着菜篮子去买菜、在雨天仍旧有个人默默地为你撑起一把伞、寒冷天始终有个人叮嘱你多加件衣服……这种温暖的情义又何尝不是一种浪漫？

我身边有一对夫妻，妻子在多年前做了一个大手术，当时要筹集将近二十万元的手术费，家里的全部积蓄也才只有五万，当时很多人都劝男人放弃吧，因为这么多的钱对他们来说的确是一个天文数字，何况即使治好了最多也就活个四五年，何必浪费钱财呢？面对大家的建议，男人只是摇摇头，他知道他要对这个女人负责，他要忠实于他的婚姻。最后变卖家产，所谓的家产也只有家里的那个笔记本还算值钱，又找亲戚朋友四处借，费了九牛二虎之力，这笔钱才算有着落，妻子的生命挽救回来了……这个男人的所作所为让我们感动，用他妻子的话说："虽然平时的他很木讷，很朴实，但是无论什么时候我都能从他那儿得到一种安全和踏实的感觉，这种感觉让我很舒心。"

是的，和这样的男人在一起，女人还有不舒心的吗？因为他们踏实忠厚，对待婚姻和情感永远都是最忠诚的。

很多女人永远关注的是男人能不能给女人安全感，所谓的安全感是否真正来自那些貌似刚毅的男人？我想，女人的安全感恰恰来自那些温情的男人。什么是温情？是爱！在温情男人的眼里、心里都充满着浓浓爱意，对老婆、对孩子、对家的爱无以累加。家庭，在他悉心地呵护下，安全稳定而温馨。这是他们忠诚于家庭、有责任心的表现，恰恰也是他们的性格再现，他们也能给女人一种既安全又温暖的感觉……

生活虽然需要激情，但不能依靠激情；生活虽然需要浪漫，但不能依靠浪漫。婚姻生活就是朴实的油盐酱醋，琐碎、凡俗，但平实，可贵的是一点不造作、可信，很安全。就像这种男人一样的朴实、一样的安全、一样的忠诚。所以，能拥有这样的老公，是何等的福气，为什么还要抱怨他的呆若木鸡？为什么还要怪罪他不懂浪漫？是你身在福中不知福，好好珍惜他吧，做他最忠实的“粉丝”和信徒，因为他就是你手里的一块宝。

4. 解除恐惧和担忧，让他彻底放松

如果说4号浪漫独特型男人是活在过去的话，那6号忠贞不渝型男人就是活在未来的，这种类型的男人对未来总是充满焦虑、恐惧、不安，凡事都会作最坏的打算。他们什么都怕，没钱时怕穷，有钱时怕被人绑架；阴天怕风湿，晴天又怕晒得长斑；怕被老板炒鱿鱼；怕妻子背叛他……怕这怕那，没有他们不怕·、不担心的，每天总是活在一种恐惧和担忧的状态之中。

有一个6号性格的男人说："我平常担心的事情很多，走到楼房的顶层时，我会担心地震了该怎么办？所以我买的两套房子都是十层以下的；我买了一辆奔驰轿车，我既喜欢又担心，怕开了这个车，别人认为我很有钱再盯上我，所以把奔驰车锁在车库里；我女儿长了十几岁我就担心了十几年，我甚至担心万一我出了事，她该怎么办？我还担心父母的身体，怕他们万一生病了还得住院忍受病痛的折磨……如果我有了钱，我会买房子、买保险，但不会买股票，因为我承受不了股市那样大的起伏。别人都说我是未雨绸缪，因为我考虑到老了怎么办？失业

了怎么办？我会考虑很多事情，每天有想不完的事情。”

另外一个6号性格的男人说：“我给自己和老婆都买了份大病险，也把我儿子的教育经费准备好了，将来万一我出了事，老婆一人也可以把儿子带大。家里的灭火器、逃生器材，更是一个不少，毕竟发生天灾人祸时可以派上用场。我和老婆一天天变老，不得不为晚年的生活做准备，还好我们有退休金，这样以后也不用依靠儿子来生活，现在我们能做的就是把身体锻炼得棒棒的，省得以后身体出现问题还得拖累儿子。”

还有一个6号性格的男人说：“我也算是有钱人了，有自己的别墅、轿车，还有一定的存款，可我还是觉得没什么安全感，觉得自己应该再买点什么更安全的东西才有保障。我绞尽脑汁地想如果自己有钱的话就买一架飞机，这样遇到突发情况，比如洪水、地震等不可预料的天灾人祸，我也好带着妻女坐上自家的飞机逃生啊！所以，我现在的目标很明确，那就是赚钱买飞机，不过飞机不同于其他物品，这得需要很多钱，而且中国又不同于国外，购买飞机还得好像办什么手续，更重要的是买了飞机之后得有地方停啊，所以还得买一块地儿，这样算下来，还真是要花不少钱。于是，我又陷入一种精神紧张的状态之中，担心不知道什么时候才能赚够这笔钱啊！”

6号性格的男人就是这样，总是处于一种紧张的精神状态中，一般人都不会去想二十年之后的事情，但是6号性格的人则会把二十年以后、三十年以后，甚至是死之前的事都想到。这无不说明了6号性格的男人是最缺乏安全感的男人。如果把6号性格的人比喻成一种动物，那兔子是最贴切不过的，因为兔子是最容易受惊的动物，一旦发现有危险，它们会马上仓皇地逃回自己的洞窟里，之后竖起耳朵诚惶诚恐地观察外面的动静，为了确保自己的安全，它们又会探出头来找寻猎人的影踪。6号男人就像恐慌的兔子一样，他们渴望得到安全，所以总是处于一种恐惧和担忧的状态，有时候近乎于杞人忧天，实在是神经过度紧张！

如果问6号性格的男人是怎么死的？很多时候，他们是被吓死的，本来岁月静好、天下太平，他们却偏偏把自己禁锢于一种紧张的状态中，有点被虐和自残的倾向。而且，他们不会在一种舒服的状态下滞留太久，头脑中的不安全感随时都会包围他们，唤醒固有的恐惧。

看到老公整天处于一种自虐的精神状态之中，做妻子的肯定是又心痛又着急，因为任何一个女人都不希望看到自己的老公整天忧心忡忡，精神上受到极度的蹂躏。我们知道，精神的压力是身体素质日渐下降的前提，我们当然不希望老公身心俱疲，那就把老公从这种让人紧绷的状态中拯救出来吧！

陪着老公一起去打太极拳，因为这种运动对消除精神上的压力很有好处，能让身体更加放松。实际上，打太极拳虽然有点老气横秋的感觉，但却是一种很有意思的运动，刚开始练习可能有点不习惯，不过逐渐就会体会到身心放松的感觉，慢慢他就会喜欢上它。

这种类型的老公之所以会担忧，也是出于对未来的一种不敢肯定和保证。所以，一个会疼老公的妻子不会给老公任何压力，而且还会帮老公宽心，当他为生老病死或者未来担忧的时候，你完全可以打消他的疑虑，温情地告诉他："老公，我们有工作，有保险，如果我们再把身体锻炼的好好的，那我们就属于三有状态了，那还有什么可担忧的啊！你想想啊，你现在每天都过着焦虑的生活，身体也会越来越差，那时候才是麻烦呢，不仅自己难受，还得麻烦其他人，这才得不偿失呢……"这种贴心的话，老公听了之后肯定会很感动，即使是为了不连累别人，他也会慢慢调节自己。

还有另外一种比较不错的方式就是把快乐带给他，经常在他的耳边讲述一些曾经比较愉快的事情，像恋爱时的甜蜜，曾经的小幸福，和他共同回忆回忆，让他从愉快的感觉中再一次得到享受，身心自然得到一种奇妙的放松。

当然了，消除恐惧和担忧心理的最主要方式就是放松了，放松的方式有很多，比如说家里经常放点轻音乐，让家里充斥着静谧祥和的气氛，身心自然会放松，因为音乐会自然而然地把人带到一种轻松的氛围之中。

5. 他的妥协和忍让，不是窝囊和懦弱

对于6号性格的男人来说，他们最大的问题是：我的安全感从何而来？他们没有胆量，没有安全感，也没有决断力，有时候甚至有点优柔寡断，平时很少自己拿主意。所以，他们凡事容易沉默和妥协。这是6号性格的男人的一个特点，比如和合作伙伴一同做生意，按照之前的约定，他本来应该拿六成利润的，但他却对合作伙伴说我们各拿五成吧，怕合作伙伴伤害他，所以他宁愿少拿点。再比如6号性格的男人从来不会和同事为了一个单子而争得面红耳赤，他会让着别人，也许他会说；给你就给你吧，无所谓啦！当然了，在家里，6号性格的老公有时候也是显得过于懦弱，他什么事都会听妻子的意见，家里的事他基本上不发表任何意见，只是保持沉默，即使女人对他大吼大叫，他依然保持沉默。他也不会和邻居产生矛盾，有时候即使被邻居占了便宜，他也不会吱声，反而还一如既往地和气。总之，他无论碰到什么窝心的事儿都表现得很大度，很随和……

“哎哟，这种男人也太过于谨慎了吧，现在哪还有便宜不占让自己

吃亏的人啊"、"这也太懦弱了吧，摊上这种老公也够受气的"、"受了邻居的气，他还表现得像个没事人似的，这种男人肯定是窝囊废""他太窝囊、太懦弱了，实在是受不了了，跟了这种男人，肯定会气死"、"一个很MAN的男人才够得上品味，他简直就是个娘儿们"等等，也许大家会发出这样那样的不屑和唏嘘，会认为这种类型的男人是没有主见、没有出息、畏畏缩缩、拖拖拉拉、窝窝囊囊、唯唯诺诺……说他窝囊也罢，懦弱也罢，这种类型的男人天生就有一种妥协和忍让的特点，难道在生活中，适时的妥协和忍让就是一种窝囊的表现吗？我在第一章里提到过，婚姻需要妥协和忍让，有时候适度的让步反而是一种大智慧。吃点小亏就代表他是个软弱的男人吗？他像机关枪似的和你大吵大闹，有时候甚至动用武力，难道就够英雄气概，你的心里难道就舒畅吗？他的脾气好难道就是懦弱吗？……所以说，各位姐妹们，为什么非要把妥协和忍让与窝囊、懦弱画上等号呢？他窝囊，他懦弱，那是因为他不想制造不必要的矛盾和麻烦，这也许正是他的一种交际智慧呢！他骂不还口，打不还手，还不都是出于爱吗？为什么我们偏偏要把它理解成窝囊和懦弱呢？

果果说："和老公结婚七、八年了，他给我的最大印象就是'懦弱'，做什么事他都会显得不急不躁、慢慢悠悠的，脾气好的都没话说。在家里，对我基本上是言听计从；在外，也是和颜悦色，一个典型的老好人，从不和邻居、同事闹矛盾。记得有一次，楼上不知哪一家总是往下倒脏水，弄得我家阳台上遍地污水，我气不过，站在阳台上仰着头对着楼上乱骂起来，谁知老公不仅不帮我一起骂，反而把我拉进屋说我这是泼妇行为，听到老公对我的责骂，我气得差点休克。第二天，我发现阳台上的水比前天的还要多，‘不知是哪家缺良心的又往下倒’，又骂起来。老公说这就是我骂街的‘后果’，他这样指责我，我肯定不答应。正当我要对他进行‘折磨’和‘蹂躏’的时候，他却转身挨家挨户的敲门去了，只听到老公不断的道歉声和过后的‘咣当’的关门声，我当时就想笑，凭他的窝囊劲，不吃闭门羹才怪。不过让我想不到的是，从那以后，我家阳台上再也没被泼过脏水了。”

张苹对老公也是极其的不满意，她说老公的“懦弱”和“窝囊”不是一件两件事所能概括的。比如别人撞了他一下，他还反过来向人家道歉；单位分房子，他也是先让别人挑，最后才轮到自己；女儿受到其他小孩儿的欺负了，他不仅不替女儿做主，还连连对欺负女儿的家长说：“没关系，没关系，小孩子嘛，打打闹闹是常有的事……”他越这样，我就越生气，平时不是说他胆小怕事，就是说他窝囊，还时不时地“教育”他能不能像个男人，能不能有点男人的气概！不过，无论是我对他指责还是抱怨，他总是嬉皮笑脸地给我揉肩捶背，要么就是做饭洗碗，还赔着笑脸。哎，摊上这样窝囊的老公，迟早被气疯……直到一件事的发生，让我对老公的看法彻底改变了。我记得是周末两人一起去公园，看到前边有位老太太晕倒了，当时围观的人很多，大家好像都在看“热闹”，而老公却不管不顾地冲上去要背着老太太去医院，我让他不要管闲事，他却把我臭骂了一顿：“人命关天的事，这是管闲事吗？你怎么一点同情心都没有！”说着，就背起老太太往外走……尽管他很“窝囊”，也很“懦弱”，但他不是没有担当的男人，也不是胆小如鼠的男人，更不是窝囊废，他是个好老公。

是的，不得不承认果果和张苹的老公都是好老公，他们不和别人争，也不和别人计较，更不和别人发生矛盾与不和，他们只是在用自己的方式去处理事情，他们同样在用自己的方式传递着对老婆或者家人的爱，一副好脾气的老好人，看起来，他们的确够“窝囊”，也够“懦弱”。不过，他们却心地善良，有勇气、有担当，该站出来的时候，绝不会当缩头乌龟，这种类型的男人具备了 6 号性格人的所有特点。

在面对这样的老公时，我想各位姐妹们肯定知道该怎么做了，想想曾经对他的嗤之以鼻和精神污辱，自己是多么残暴的一个女人啊！他是那么的爱这个家，因为爱，所以才一再妥协、一忍再忍。当然了，他对邻里和同事表现出的善心，却统统被我们理解为窝囊和懦弱。想想，我们是多么的心胸狭窄！多么的小女人之见啊！他可是堂堂的真正男儿，尽管他看起来不那么男人，也不那么彪悍，但他却有颗能容人的君子之心。

他也许有时候会妥协和忍让，但肯定不是窝囊和懦弱，只是他不想招惹麻烦，也是他的善心表现，该出手时才出手，不该出手时，他绝不动手，有的只是“窝囊”和“懦弱”。

○类型

活跃享乐型

○简介

这种类型的男人天生就是开心果，他们无论走到哪里，都会带来欢乐和笑声一片。他们一生中都在追求一种快乐的感觉，非常在乎自己的感受，率性而为，随性而至，口无遮拦，爱交朋友，无法接受使他们痛苦的事情。

○关键词

快乐，享受，活跃，热情，奔放，刺激，贪玩，好奇，爱冒险，喜欢交友，爱好广泛。

○使用时注意事项

这种类型的男人最大的渴望就是追求快乐，渴望自由，享受生活，他们害怕
，限制，拘束，承诺等，他们也向往自由、放养式的生活，即使是婚姻的尘埃也
安定他们那颗放飞的心灵，这就导致这种类型的男人特别容易花心，聪明
子得使点媚术拴住他那颗不安的心，可以给他自由，让他飞，
记不能断了手中的线。

Chapter 8 活跃享乐型老公

1. 天生的享乐派，去分享他的快乐吧

7号性格的男人是超级的乐观派，他们喜欢戏剧性、多变化及多姿多彩的生活，以获得更多的快乐。在他们的生活里，很少会出现痛苦、枯燥乏味的情况，他们的想法就是保持快乐的情绪，如果在工作过程中感到疲劳，他们会马上放下手中的工作，把注意力转移到其他使他快乐的事情上，他们是不会让枯燥和厌烦的事情乘虚而入的。他们深谙自我娱乐之道，哪里开了一家风味餐馆，哪里又新建了一家特色酒吧……关于吃喝玩乐方面的，没有他不清楚的，也没有他不熟悉的。

这种类型的男人是快乐至上的男人，懂得充分享受生命，热情洋溢，活得精彩，觉得应该生活在快乐中，应该抓住每一刻快乐的时光。正是因为他们乐观的个性和享乐主义的精神，才使得他们魅力非凡，而且他们很容易把快乐传染给别人，也很容易让情绪不佳的伴侣快乐起来，因为他能够随时随地找到快乐，并且把快乐的符号传递给伴侣。所以，和这种快乐型的男人在一起，一般不会烦闷，也不会拘束，反而很轻松。

对于7号性格的男人来说，他们最希望的情感模式是他的伴侣能够参与到他喜欢的活动中来，希望能和伴侣共享每一刻快乐时光，也希望妻子像他一样能从那些娱乐活动中体验到乐趣。不过对于女人来说，这可有点不理解了，“我们女人也有自己的爱好，为什么偏偏要融入男人的活动中去啊？”“男女本来就有差异，当然，感兴趣的事情也是差异很大，为什么让我们做女人的委曲求全呢？真是不公平！”……女人们的反驳声也是越来越强烈，但是她们却不知道，这个借口正是淡漠夫妻关系的“罪魁祸首”，要知道，适应分享爱人的嗜好和兴趣，是获得幸福美满婚姻的重要因素。

像很多家庭主妇一样，石燕的休闲爱好除了看电视之外，就是和三五好友聊天逛街，而她的老公是一个娱乐迷，他深谙那些娱乐活动的把戏，像K歌、蹦极、吃、喝等，没有他不熟悉的，对于这些娱乐活动，石燕却是极其的排斥，她宁愿独自一人呆着，也不愿意和他去玩那些冒险而又刺激的游戏。最近石燕的老公又迷上了打乒乓球，每天下班都要去打两下。他想带石燕一起去，可是，石燕一想到运动就发怵，为此，石燕对老公积怨已深。有时候，两个人竟然能吵得面红耳赤。慢慢地，老公也是一下班就奔球房，都很少在家吃晚饭了，这让石燕心头很不是滋味，她想想实在是太不值得了，为了这点小事弄得不愉快。老公喜欢玩乐、喜欢打球这一点肯定是改变不了的，那就只有改变自己了，慢慢地让自己也爱上打球，为的就是使两人有共同的爱好兴趣，夫妻俩每天都手挽手去健身房，就像热恋的情侣一样，感情也恢复到了从前。

聪明的石燕最终因为自己的聪明之举再次赢得了和睦的感情，妻子如果参与到老公的休闲娱乐中，并且从中得到乐趣，就会使婚姻更加和谐。而且，尊重老公的爱好，并试着走进他喜欢的那个世界里去，不是一件好事吗？如果只是一味地限制或者改变老公爱玩的个性，这好像不大可能，因为对于这种性格的老公来说，他们天生就是享乐派，爱玩是他们的个性，他非常渴望自己的伴侣能参与到他喜欢的活动中来，做妻子的何不满足他这个小小的愿望呢？就当是培养自己的兴趣爱好了，不仅能亲身体验到那种活动的乐趣，而且还能满足一下老公的心理需求，增进夫妻之间的感情。快点行动起来吧！

2. 要点手段，激发起他责任心的情怀

7 号性格的男人生性乐观，态度积极，一生之中都在追求一种快乐的感觉，所以他们总是在逃避痛苦，逃避自己应该负的责任，因为承认错误、担负责任往往会与接受惩罚相联系。而这种类型的男人是趋乐避苦的类型，在他的字典里只有享受、快乐等字眼，绝不允许出现痛苦、责任等，承担责任就意味着要有一份担当，也意味着自己的心思不能全部用在追求享乐上，更意味着再也不能无忧无虑地享受那份惬意了。所以，他会逃避责任，并且过分强调个人的需求，把承担责任视为负担。

在面对感情问题时，他也是能逃则逃，任何痛苦和空虚他都不愿意去面对。这样就导致了 7 号性格的男人没有责任感，大话连篇。承诺是 7 号性格男人的强项，背弃承诺也是 7 号性格男人的强项。如果求 7 号性格的男人办一件事，他会很爽快地答应，“好啊，没问题。”这已是他不离嘴的口头禅，但是他从来不会把刚答应完别人的这件事放在心上，答应完就忘也是他们的特征之一。在对待同床共枕的妻子时，他也

不会改变这一本性，常用花言巧语取代实际行动，把妻子哄得团团转，所以，这种类型的男人又被称为“哄人王”。

张末说：“结婚之前，老公在追求我的时候，那是死皮赖脸，不达目的绝不罢休。本来当时我有一个相处着的男朋友，是老公横刀夺爱硬是从之前的男朋友那儿把我给抢过来的。他每天向我献殷勤，还带我去很多地方玩儿，而且都是我之前没玩过、没去过的地方，这让我大开眼界，觉得跟着这样的人生活，一生都会充满快乐。于是，就答应了他求婚。可是结了婚之后，我发现他不仅是谈恋爱的时候玩，上班玩，下班也玩，一天都处于玩的状态中。他是那种超级享受的人，还总对我说人生在世不该难为自己，应时时处处享受生活。他花钱如流水，大冬天的他一次次往家买西瓜，我心疼钱，他却嚷着说比夏天的好吃。我们赚的工资都花在吃吃喝喝上了，有一个月都快出现财政赤字了，他却一副无所谓的态度。当我向他抱怨时，他却回我一句：‘管他呢，花光了再说。’就这一句话，差点没把我气死，家里都这样了，他却还能说出这种话，这么一大把年纪了，一点责任心都没有。当然，我也知道不能对自己太吝啬，要及时地去享受那些美好的东西，可是也不能享受无度啊。既然结了婚，就要对家庭、孩子承担起责任，不能光为了满足自己的快感，而丧失了责任感啊！我每天都会早早起床，为的是给他准备一份精美的早餐；周末尽量让他睡个好觉，而我独自做家务，他起床后则是打开电脑，开始他所谓的“工作”——偶尔玩一些网络游戏。我也不忍心让他和我一起做家务，哪怕是洗一次碗，他总是在电脑前忙来忙去，可是每次走近他的时候，却发现他在玩游戏。

这样的老公就是一个很没有责任心的人，凡事都把自己放在第一位，很少会考虑到我和孩子。而且，他前一秒答应完我的事后一秒就忘记。记得有一次，公婆的药断了，我让他把药买了尽快寄回去，半个月后，公婆打来电话，质问我为什么还没有把药寄过去，我当时特别恼火，知道老公肯定没办这事，当时就和老公吵了一架。他还找借口为自己辩解，一会儿说什么工作忙，就忘记了；一会儿又说邮局周末不开门。这不明摆着撒谎吗？邮局一年 365 天都开门营业，这是傻瓜都知道的常识。哎，面对这么一个没责任心的老公，真不知该拿他怎么办？”

实际上，7 号性格的男人无论是花言巧语还是满口承诺后忘记，都说明 7 号性格的男人天生就缺乏责任意识。他们总是希望处于一种快乐的状态中，为了维持这种快乐的状态，他们不惜让自己背负着说大话的罪名或者是给别人一种花心的感觉。做妻子的，当然不希望老公信口雌黄，希望他是顶天立地有责任心的男子汉，无论在工作上还是在感情生活中，能拿得起、放得下，说一不二，敢于承担错误和责任。何况在生活中，犯错误是在所难免的，只要把它承担下来，找到出错的根源并加以改正，没有谁会在意这些。

这种类型的老公，为了逃避责任，常会掩盖真相、敷衍搪塞、编造借口、无中生有、言不对题或者真真假假，闪烁其词，靠撒谎来逃脱批评与惩罚，做妻子的要知道他的这一特点，督促他共同改掉这种坏毛病，要点“小手段”，帮助他树立起责任感。虽然说，这种责任感主要得靠自身来树立，不过如果能在妻子的“小手段”之下，他们的认知度会迅速提高。那做妻子的该使点什么“小手段呢”？

有一句话是这样讲的：你想男人成为什么样的人，你就告诉男人你的想法，但是一定要婉转。比如，你可温柔地告诉他有责任心的男子汉是你最中意的男人,并且帮他列举一些正面教材,比如可以撒娇地对老公说:"老公,你看电视上那个绅士,他真是太伟大了,我最喜欢他对家庭的那种责任感,敢于承诺,敢于承担责任,这才是真正的男人呢!他可真像邻居家阿美的老公啊,有这么一个有责任心的老公,阿美可真幸福,真是羡慕她!"话说到这个份儿上,是傻瓜都能明白其中的意思,当然了,要经常性地对老公灌输这种思想,慢慢地软化他、引导他,帮助他成长。

如果老公答应了你的事总是忘掉,你不妨以牙还牙,偶尔答应他的事,也假装忘掉,让他也尝尝这种苦头,一次、两次……多次之后,他肯定会反驳你,这时你不妨理直气壮地告诉他:"我也认为这种做法不好,不过,老公啊,好像上次你答应我的事一直都没办,还有上周你也答应了我一件事啊!"这时你老公的表情一定会很无奈,也很搞笑,不过他也从中体会到这种苦头,以后就会慢慢收敛。

好老公要好好"栽培",让他从做家务开始。如果男人会做家务,不仅女人自己可以省下时间打扮自己,更主要的是在做家务的过程中,可以培养出他对家的责任感。这种类型的男人对家务这些琐事向来都有一种戒备心理,他的这种戒备心理都是妻子的过于勤快给惯出来的,因为丈夫不爱做家务,都是因为妻子太勤快。所以,做妻子的不妨偶尔懒一下,让他承担起家务劳动,当然,不能因为他做得不够好就打击他的积极性,而是不断地鼓励他。

对付这种没有责任心的老公,一定不能和他们急,也不能硬攻,要以柔克刚,以其人之道,还治其人之身,让他自己去体会,有了深刻的体会才会铭记在心。

3. 你的大吐苦水，对他来说是痛苦的折磨

7号性格的男人看起来永远像个顽童一样，无时无刻不在寻求和探索一种新奇、鲜活的事物，他们喜欢接近和享受快乐，却难以接受令他们不开心、不快乐的事情。对他们来说，也经常会把人与人之间的关系建立在愉悦的心情上，比如说，如果觉得和你在一起能产生快乐的感觉，他们就会认为这种关系很美妙，值得维护；如果你只是无休止地向他们倾诉不开心的烦心事，这对他们来说实在是一种折磨。

大多数女人都有倾诉和唠叨的习惯，尤其是结婚生子之后，生活的烦恼、家庭的压力，让女人总想通过一种方式发泄一下，以满足自己已经沉闷已久的情绪。而且女人心里也装不下事，总想一吐为快，这样丈夫就变成了女人倾诉的对象。他们希望与老公谈谈心、聊聊天，把自己的快乐与老公分享，同时，也把自己的痛苦向老公倾诉出来。7号性格的老公不仅不懂得伴侣的愁眉不展，更是对此疑惑不解，并且还会认为对方是庸人自扰，得不到老公的轻声慰问，做妻子的心里自然会觉得受到冷落。

作为妻子,我们都希望得到老公的体贴和安慰,能与老公痛痛快快分享眼前的一分一秒,为感情生活制造灿烂动人的朝气。不过对于7号性格的男人来说,他们只喜欢与妻子分享快乐的事情,平日闲谈都是围绕一些令人精神愉快的话题,而一些痛苦的、严肃的话题,尤其是女人的大吐苦水,他们则会尽量避免,自然也没有耐心听妻子无休止的倾诉和唠叨,更不可能与妻子促膝长谈。

实际上,女人的唠叨无非就是缓解一下自己的心灵而已,忙了一天好不容易两个人见了面,跟老公说说心里的想法,无论快乐的还是痛苦的,都把它倒给老公,这样才表示夫妻俩亲密如昔。可是男人他们却不这么想,忙了一天,他回到家就是想放松放松,女人的倾诉,对他来说,实在是一种折磨,而且他们怎么也想不明白女人为什么总是无休止地说着同样的话?他们也最讨厌女人喋喋不休、翻来覆去的唠叨。对于女人来说,倾诉只是和男人的一种沟通方式,也只是想和男人谈谈心,而且在女人看来,有共同话题是一种亲密的表示,不过男人不理解,他们反而把它通通变成同一种定义——唠叨。

不过,话说回来,女人的确是有唠叨的毛病。电视剧经常上演这样一个场景:女人在那儿喋喋不休的抱怨,毫无顾忌地大吐苦水,旁边的丈夫要么是一声不吭,找个机会溜之大吉;要么就是表现得很反感,夫妻间为此发生口角。实际上这也是现实生活的一个真实写照。尤其是对于7号性格的男人来说,他们最不能忍受的就是妻子的唠叨或者女人眼里所谓的倾诉,这对他们来说,简直是太痛苦了。因为女人无时无刻不在传播一种琐碎、麻烦、家长里短的小事,7号男人最不能容忍这些。

李佳和老公董华在别人眼里是令人羡慕的一对。可是,李佳有自己的苦处，她觉得老公不理解她，也不关心她的内心感受，而且从来不和她谈心。为此，两人经常闹矛盾、打冷战。

有一天，李佳在单位里和同事闹了点矛盾，心情本来就特别不好，再加上下班回家堵车堵了将近一个小时，这让她的心情更是雪上加霜。一进家门，李华就挂着一幅臭脸，恶狠狠、气吁吁、冷冰冰地往他跟前一坐，向老公董华倾诉她的苦恼："今天不知怎么了，单位里有个女同事到老板那儿打我小报告了，搞得我心情特别不好，真想和她大吵一架。下班回家又堵了一个小时的车，你说可气不……"，李佳说了一堆，见老公没反应，"你有没有在听我说话啊？"她有点生气。

"你每天怎么有那么多事唠叨啊？"老公实在是忍不住了。

"人家本来就很委屈，想找你倾诉倾诉，你倒好，却嫌我烦了。"董华的这一句话引来李佳一连串抱怨和唠叨，"你向来都这样，一点都不关心我，和你聊天的时候，你永远都是这种态度……"

董华实在是受不了，最后摔门而出，两个人又陷入到僵局之中。

遇到不悦的事，总是希望能找人倾诉和唠叨一下，这好像是女人的天性，虽然这种方式能让我们女人的情绪得以缓和，但是这种方式却苦了老公，而且老公也根本不给面子，那这时，女人该怎么办？当然，像李佳的这种做法肯定是没有效果的，反而会适得其反，让老公更加反感和讨厌。其实，你可以诱导他。撒撒娇，装装嗲，摆出一副需要他倾听的样子。你不妨用这样的开头："亲爱的，我就是想找人说说话。今天在单位和同事闹了点矛盾，你帮我分析分析……"这就是个很好的开始，听到这话，他保准乐意。对了，应该提醒一下，有些话别翻来覆去地说，不要让自己变成一个唠叨的怨妇，因为他真的会心烦的，不是一言不发地听你唠叨个够(实际上,此时他的心里烦得一团糟),就是扭头溜之大吉,留下你一个人生闷气。

以柔克刚,这句话不知在我们女人心里被默念了多少遍,可是有时候就是做不到,始终不明白再不懂得女人心思的男人,在听到女人娇滴滴地喊一声“老公”的时候,都会心花怒放,这时正是你大吐苦水的时候。当然了,别一开口就絮絮叨叨,先告诉他你这番话的真正目的,以免他老兄会错意,误把分享当责怪。

4. 既有家花的芳香诱人，又有野花的娇媚迷人

在 7 号性格男人的骨子里，天性奔放，由于他们总是被新鲜刺激的东西所吸引，这种类型的男人往往很容易花心。在他们的内心世界里，每个女人都有可爱的一面，每个女人都是可爱的，所以，他想拥有每个女人。这就如同韦小宝式的爱情，一个伴侣显然不能满足他的需要，他想拥有多个伴侣。

曾经有个 7 号性格的男人说他一生中最遗憾的事就是不能像古时候那样拥有四个老婆而且还能相安无事的坐到一起打麻将。可见，7 号性格的男人天生就是个情种，处处有情处处留情，希望能拥有多个伴侣，不过出于现代社会的道德约束，他们不可能光明正大的娶上个三房四妾，但这并不能阻止他们身体和精神的出轨。

他们到底为什么会出轨？为什么放着家花不爱却偏偏爱野花？一个很重要的原因就是这种类型的男人不喜欢一成不变的情感模式和生活模式，他们渴望新奇有动感的情感和生活。婚姻生活使得某些女人变得麻木，导致缺乏激情，男人为了摆脱这种枯燥的婚姻生活，不得

不到外面去寻找激情和新鲜感。

不管是什么原因，如果老公不爱家花偏爱野花，一哭二闹、一味地痛恨第三者、谴责男人出轨是没有用的。对于这个问题，女人要正确对待，既要保持家花的芳香诱人，又要拥有野花的娇媚迷人。也就是说，既要会做男人的好老婆，又要会做男人的好情人。做个好老婆不难，做个好情人也不难，但是，像情人那样做老婆却是有点难度，再难也得独自去领会，谁让每个女人都希望丈夫能对自己一心一意、只迷恋自己啊？

有的女人只知道如何做一个好老婆，却不知道单纯扮演好老婆的角色还是不够的，男人有时候更热衷于像情人那样的女人；当然，如果你只具备情人所有的素质，那同样留不住男人的心。所以，聪明的女人懂得如何扮演不同的角色，在丈夫生病时，她就像母亲一样把他抱在怀里，喂他吃药，甚至再给他煲上一锅靓汤；当丈夫事业失意的时候，她又像姐姐、朋友一样安慰他、鼓励他；当丈夫开心时，她却像个小女孩儿一样依偎在丈夫怀里，时而撒娇，时而打闹，把平日积攒下来的委屈肆无忌惮的说出来。

有一位丈夫是这样评价他的妻子的：我老婆总是给我惊喜，让我意想不到，我每天都生活在新鲜刺激中。就连我们小家的家具布置，不超过一个月，老婆总让它大变样，所以隔段时间就会感到有一种别样的情趣。老婆总是激情洋溢，跟老婆在一起，感觉像回到了年轻时代，回到我们谈恋爱的年代。在周末，有时候我们会一起手牵手去网吧打场通宵场游戏。虽然结婚已有十多年，但我感觉老婆依然超凡脱俗，依然保持一颗年轻的心，每个节日，包括情人节、结婚纪念日、生日等各种节日，我们仍旧像两个孩子一样期待礼物，而老婆总能抓住我的心思，送给我的礼物也总是让我大吃一惊。当然，在老婆的感染下，我感觉自己活力十足，充满热情，有这样的老婆，我这辈子很满足了。

从丈夫对妻子的评价中，可以看出妻子在丈夫心中的分量。婚姻生活中最忌讳没有新奇、像一潭死水，而这个女人却能打破这种死气沉沉，她能在婚姻保鲜期已过的时间不断地创造出新奇，让丈夫永远都处于新鲜状态中，这样的女人最能抓住男人的心思。

这种类型的男人喜欢新鲜刺激，尤其在性上的需求更为强烈，一成不变的姿势和环境已让男人心生厌倦，其实改变男人的这种心理并不像想象中的那么难。以前听名家讲课，记得一位老师曾这样说过："下班回到家换上性感的睡衣在厨房里扭来扭去，屁股还不时地前摇后晃的把炒锅颠来颠去，这样的女人，哪个男人看了不心动？男人甚至迫不及待，在厨房里宽衣解带，和眼前这位'妖精'鱼水一番。聪明的女人此时不会把丈夫推出厨房，而是迎合丈夫的需求，把厨房作为战场，满足他的征服欲，让他觉得你是一块总有开发价值的沃土，感觉到你的迷人。家有这样的女人，丈夫哪还有心思去风花雪月啊！"

当然，一个会当情人的女人，会始终把自己的美丽展现给男人，因为没有什么能比强烈的视觉美更能征服男人的了。但是有的女人一旦结了婚，就会随心所欲，穿衣也邋里邋遢，甚至肆无忌惮的在丈夫面前抠指甲、去除体毛等。在做这些事情的时候，你不妨想想丈夫是什么感受，何不在浴室里做这些事情，让丈夫只看到你的美，却看不到你变美的过程。

完美的老婆兼情人应是这样的：会做老公喜欢的几道菜，但不会邋里邋遢的整天下厨房去研究菜谱；会洗内裤和臭袜子，但不会大包大揽所有的衣服；会很温柔，但有时候也会很霸道的赖着丈夫；会满足他的征服欲，但不一次给完，一点点给……所以说，完美的老婆兼情人应该是一个充满激情的女人，女人的激情总是有一种鲜活的生命力，总是有一种无法抗拒的吸引力。

一个精彩有趣的女人，肯定是一个对生活充满热情的女人，在她们的身上永远会感觉到一种朝气蓬勃的力量和一种积极向上的生活态度。她们的生活总是充满了小新奇，和她们一起聊天，男人会觉得非常有趣，不会觉得烦、闷、无趣，而且在她们身上会受到启发，得到一些新的想法和角度。这样的女人总是能给别人带来快乐和生活的情趣，有哪个男人不喜欢和这样的女人在一起呢？

有的女人天生充满激情，而有的女人年纪轻轻就死水一潭。男人和这样的女人在一起，整个世界都会充斥着晦暗的颜色，而充满激情的女人总是能创造出五光十色的生活，男人就是男人，总是喜欢各种各样充满新鲜感的生活。

有的女人喜欢把激情和放荡联系在一起，但就是这种“放荡”的女人总是能赢得男人的青睐，男人偏偏把这种充满激情“放荡”的女人当成手心里的宝，如果她们愿意，男人巴不得和她厮守一生，尤其是这种类型的男人。

所以，对待这种类型的老公，既要有家花的芳香诱人，又要有野花的娇媚迷人，不断地进行家花和野花的角色互换，以满足这种类型男人的新奇感。

5. 渴望自由，他更喜欢被放养

具备7号性格的男人不喜欢被约束，他们喜欢过自由的生活，即使是婚姻的尘埃落定也不能约束他那颗渴望自由的灵魂。对于这种类型的男人来说，他们更喜欢被放养，这是他们的性格使然。他们什么时候都精力充沛，有着强烈的好奇心，也有着各种各样的爱好，只要他们感兴趣，他们就会无所顾忌地尽情地疯狂一回。当然了，他们也不会专注于同一件事情上，喜欢各种各样的体验，希望过一种自由奔放式的生活。他们去酒吧喝酒，逛夜店疯玩，玩到凌晨三四点，还耽误不了早上上班，这就叫放任式享乐。

这种类型的男人就像是长不大的孩子，他们贪玩、好奇、爱冒险。在他们的一生中，最大的乐趣就是交友玩耍。作为妻子，最怕老公热了朋友冷了自己，所以对老公及老公的朋友总是心怀敌意，并且通通贬之为"不三不四"、"狐朋狗友"之类。但男人只要情投意合，玩得到一块儿，照玩不误。他们内心深处都像是个孩子，不管多么优秀、多么伟大、多么有权有势，都喜欢玩，喜欢自由，不喜欢被约束。

做妻子的，当你弄清楚这种类型的老公心中对自由的那份渴望时，你会觉得家对这种类型的男人有时就是动物园里的牢笼中的野兽——身在笼中，真正渴望的还是广阔的森林、草原。所以，对这种类型的老公，应采用放养的方式。

若男虽然结婚好多年了，但是她那种黏人的性格始终是有增无减。她希望老公能以她为中心，甚至希望老公一天二十四小时都能陪在自己身边。但老公却天性好玩，过惯了无拘无束的生活，对于黏人的若南，他特别的不习惯。他希望若男能理解他，不要过分管束他；而若南呢，却认为两个人既然结婚了，就凡事应该拴在一起，对方干什么、和什么朋友交往，都要告诉彼此。老公的行为已经严重的让若南感到不满，她总是想方设法地去限制和约束老公，比如当看到他上网上到深夜时，若南就会很生气地把电脑关了，并且训斥道："不知道长时间上网对身体不好吗？"当看到丈夫喝酒、抽烟、打牌时，她总想去帮助他改掉这些坏毛病……只要看到丈夫的行为令她不满意，她都想去制止他。

有一次，老公玩得太晚，回家时若南又是横眉竖眼，厉声喝问："又干什么去了？"老公在外面玩够了，本是怀着十二万分的小心，原想回家和若南温存一番，一见若男这阵势，就什么心思都没了，只冷冷地回若男一句："没干坏事。"然后不再理若南。

他感觉自己就像老婆若南手中的"悠悠球"，只要稍稍跑远，就被老婆手中的线拽回去，心里的抱怨满满，争吵多了，心里的隔阂也就大了，两个人的感情也就越来越淡薄，再也没有谈恋爱时的那种甜蜜感。

故事中的若南太不了解自己的老公了，他只是渴望自由，希望若南能多给自己一点空间，但是若南只是紧紧地把老公绑在自己伸手可及的范围内，本意是通过这种方式来缩小与老公的距离，可无意中却适得其反。在婚姻生活中，像若南这样的女人太多了，实际上，如果女人能给男人足够的空间，让男人自由活动，有自己的朋友圈，他就会对你感激不尽，时时想着回家的路，想着家中的你。如果女人给男人披上了沉重的枷锁，让男人感受到巨大的压力，那男人每天想的只是如何逃脱你的魔爪，用什么招数才能摆脱这种窒息的环境，只要有一点点机会，他们就像撒了欢儿的羊，任你满世界的追都是无济于事。可能他们都有一种逆反的心理，不喜欢被束缚，你对他看得越紧，把他当贼一样的防，那么，他就不得不“偷”给你看，而且还理直气壮毫无理亏之感。相反，那些被放养了的男人，却总是带着一种负疚感，有这么好的女人，还出去“偷”什么啊。

事实上，再怎么“圈养”男人，总不能给他拴上绳子随时牵着他走，女人的这种霸占心理常常适得其反，让男人产生破罐破摔的心理。这也许是人类普遍的心理，你越是让我怎么样，我偏不怎么样，对于这种类型的男人来说，更是不愿意被一个女人束缚住。

老公是用来爱的，不是用来管的，把他“圈养”起来还得看守他，虽说囚禁了他的人，但同时把你的心也囚禁了。更何况看守一个心已不在你身上的男人也不是一件省心的事，可能一不留神他就会带着套在头上的绳子出圈而逃，与其这样，还不如给他自由，让他自由的生活，就好像放风筝，它飞得再远，线头依旧捏在你手里。如果你们之间有爱，放养他又怕什么？如果爱已离你们而去，即使圈养住了他的身体却拴不住他的心。

懂得适当放养男人的女人，与其说她们懂得情感智慧，倒不如说是她们懂得变被动为主动。放养只是放手，并不是放弃，有利于增进夫妻之间的感情。有时候婚姻不能刻意地去管理，越是刻意越会死掉。既然老公喜欢自由的天空，那就随他去，放养他，只要你准备一颗爱心，他在外面玩累了，自然会回家的。

过分的圈养男人，有时候让女人丢了夫君又折兵。她们恨不得把男人拴在手里，随时查访男人，其频率能达到半个钟头猛打三通电话，这样的女人，哪个男人能受得了？

圈养男人，束缚了男人，也囚禁了自己。这种类型的男人不喜欢一成不变的模式，他们总是喜欢新花样。聪明的女人不去圈养男人，而是适时地放养男人，男人被放养腻了，自然会乖乖地回到你身边。

如果女人有幸把你的男人“圈养”住了，男人对你是唯命是从，这样的男人还有什么魅力可言？当然，这样的男人对女人一点吸引力都没有，只不过是女人为了自己的安全，不得以采取的下下策，等确保自己有足够的安全感的时候，适当地放养男人，这样做也不是没有什么不可以的。

○类型

领导支配型

○简介

如果问九型人格中，哪种类型的男人最大男子主义？自然是8号——领导支配型。他们深知自己被赋予了神圣的责任和使命，所以他们很坦然地做着大男人。他们习惯于做一言堂堂主，不喜欢被别人控制，也不喜欢被别人牵着鼻子走，更不喜欢被女人来改造。

○关键词

勇敢，坚强，直率，豪爽，强势，牛脾气，霸气，有尊严，拼搏，大男人，有责任心，保护欲强。

使用时注意事项

他们的终极目标是做强者，支配别人，做男子汉，他们害怕被认为软弱，被人
、控制、侵犯，他们也特别爱面子，自尊心强，做这种类型男人的妻子，千万
触他的尊严，也别与他争风头，只是安然地做他背后那个等着他保护
温柔的小女人即可。

Chapter 9 领导支配型老公

1. 太专注于工作，而淡漠了感情

这种类型的男人拥有非常顽强的生命力，由于精力旺盛，强烈渴求金钱或者权利，以致欠缺自制能力。当然了，3 号性格的男人也特别专注于工作，不过他们是为了追求一种成就感。对于 8 号性格的男人来说，他们把自己投入到工作中，纯粹是为了追逐控制或者保护别人的一种权利。他们不像 3 号性格的男人那样，为了成功可以去拍别人的马屁，甚至不择手段。8 号性格的人他们喜欢直来直往，不喜欢虚伪，更不喜欢拍马屁，他们只是凭着自己的一股冲劲儿、执著的精神和不想被人掌控的心理而使自己不断地努力奋进，他们信奉弱肉强食、优胜劣汰的法则，他们也信奉强者会受到尊敬、弱者会受到欺负的理念。他们的一生都在让自己处于一种强者的状态里，总是扮演“硬汉”的角色。为了让自己拥有强者的力量或者是为了保护家人和朋友，他们在工作中不断地给自己加砝码。

有一个 8 号性格的男人说：“小时候，生活条件特别的困难。上高中的时候，因为家里比较穷，看到父母为我的学费而逐渐苍老的脸，我毅然辍学了，揣着100元独自去闯北京。我骨子里不愿被人控制，也不愿被人欺负。在工厂当小工的时候，有个大工天天欺负我，我对他一直怀恨在心，心想有朝一日，我一定让他难看。没过两年，我手里攒了些钱，之后就和朋友合伙开了个小作坊，等作坊经营规模稍微大了点，我就开始我的'复仇'计划。先是找了几个人把曾经欺负我的那个大工给揍了一顿，而且，也顺利地把那家小工厂给买下来了，这是我一生中最得意的事。现在我的事业做得也很大，如果别人问我干事业的目的是什么，我希望能支配和控制一些人，这应该是最主要的目的。"

这是8号男人的典型性格，为了不被人欺负，为了能当一言堂堂主，同时也为了能够拥有控制权，所以，他们努力拼搏，纵使拼得头破血流也在所不惜，只要能让他们去指使别人。不过在婚姻生活中，如果为了当强者，只是一味地把自己埋于工作之中，想必会引来妻子强烈的抱怨声。就像下例中的王利，因为老公洪刚对家庭的"不负责任"，他们隔三岔五的吵架，王利对洪刚是越来越不满意了，这不，他们又吵架了。

"你每天半夜一两点才回家，我早上出门的时候，你却又在睡觉，家里所有的事情都让我操心，儿子你也不管，再这样下去，儿子都快不认识你了！"王利坐在沙发上，表情严肃，冲着老公洪刚发火。

"我还不是为了这个家吗？我要是没有这家公司，或者不是这家公司的头儿，你能这么风光吗？……你要是觉得自己顾不过来的话，那就再花些钱找个保姆吧！"洪刚靠在沙发垫上，半眯着眼睛。

"钱，钱，钱，就知道钱，有些东西是钱能买来的吗？你说咱俩有多久没坐在一起聊聊天了？钱能买来夫妻之间、父子之间的感情吗？"王利越说越来劲儿,“你知道儿子在日记中怎么写吗?他说:‘看到别的同学总是爸爸来接来送,我好羡慕!我有好长时间都没见到爸爸了,他总说自己忙,我知道他赚钱是为了给我买好吃的零食和好玩的玩具,可是,我真想爸爸能陪我一起去玩儿,不知什么时候能实现这个愿望。’”说完,王利就有点抽泣了。

“老婆,别这样!等公司今年上市了,我争取抽个时间带你和儿子好好出去玩玩儿……”洪刚再次向老婆保证,不过这样的保证不知有多少次了,但几乎都没有实施过。

实际上,8号性格的男人有很多都和洪刚一样,他们把钱和权利看得太重要,甚至认为只有钱和权利才能给他们安全感,为了获得这种安全感,他们把自己完全埋没在工作中,他们有太多的欲望,却没有时间陪伴家人,能给予家人的只有钱。

钱不是万能的,钱不能代替感情,作为妻子,都希望老公能停下工作的脚步,多陪陪家人,多陪陪自己,可是对于这种类型的老公来说,这简直是一种奢望。一个男人把全部精力放在工作上而冷落家里的娇妻,不能排除他不是一个好男人,只是他想用他自己的方式来爱家人,愿意让家人生活得更加无忧无虑——“有了钱,有了地位,还怕没好日子过吗?”这种类型的男人大都会这么想。他们一心一意地为家里人着想,做妻子的应该多体谅体谅他。用一个女人的宽容去理解他,并且帮助他走出金钱和权利的盲区,经常向他传达一种淡泊名利、人要知足、欲望是有无穷无尽的思想,一次、两次可能不成功,但更多的次数之后,他就会被你的观点所同化,曾经的那种欲望追求特别强烈的思想就会慢慢地被瓦解,观念甚至会发生大的变化。当然了,做妻子的对于这种清心寡欲的概念也不能只是嘴上一套，心里一套，嘴上告诉老公要淡泊名利，心里却希望老公能出去多挣些钱以供自己消费。回头想想，是不是我们给老公的压力太大了才导致他们无止境地追逐名利呢？有时候，可能就是我们女人的错。亲爱的姐妹们，仔细地想想吧，如果是自身的原因，那就先从改变自我开始。

2. 不喜欢被控制，好妻子绝对不做造夫太太

这种类型的男人最不喜欢被别人控制，更不喜欢被别人牵着鼻子走，尤其是不能接受很多女人的造夫计划。他们也不愿意女人指手画脚、评论他的是非曲直，擅做主张的干涉只会招致他们的反感和敌意，尽管女人是出于善意，但他们都无法接受。因为这种类型的男人天生喜欢掌控别人，喜欢做一言堂堂主，如果其他人对他呼来唤去、吆三喝四的话，他会觉得有失于一言堂堂主的风度，这对他来说，简直就是一件丢颜面的事。

有一个 8 号性格的男人说："我特别不喜欢被老婆控制，有一天晚上吃完晚饭，我本想把储藏室坏了的灯泡换一下，正准备行动时，老婆对我说，快点把那只坏灯泡换下来吧。我一听马上就停下来了，也不想换了，直到第二天晚上我才换好。我就是这样，本来要往东走，如果你也要让我往东走，那我就偏要往西走。"

这就是 8 号性格的男人，别人企图指挥或者控制他，那是完全不可能的事，他们会站出来坚决抵制，甚至变本加厉，故意和女人较劲，

因为他们生性最讨厌别人无端地控制自己。

美国心理学家帕萃丝·埃文斯在他的著作《不要控制我》中写道：“控制这个无所不在的关系存在于我们生活的方方面面。人都是活在关系里的，关系意味着我们跟一些人有一些链接，而这些链接一旦建立之后，就有一方企图成为控制者。”

“有些人习惯将自己的意志强加于人，却一点儿都意识不到这些行为的破坏性。当你遇到这些试图控制你的人时，你的个性常常会遭到抹杀。这些人就是那些控制者。他们的控制意识也许自己不曾察觉，甚至被控制者都没有发觉，但是他们的行为却在危害着我们的关系，阻碍了我们之间能量的交流与沟通。”

的确如此，在夫妻关系中，这种控制无处不在，而且常常被披上“爱”的外衣。在生活中，经常见到这么一种情形：女人为了让男人更快的成长，总是不顾一切地依据某种标准，对他采取五花八门的改造，女人认为这就是爱。事实上，她的努力极可能化为乌有，男人不仅不领情，而且还会特别的反感。

一早打开邮箱，就收到了朋友的一封邮件“爱他难道有错吗？”邮件的标题让我大吃一惊，快速打开邮件。

“我对老公的爱可以说是到了极致，每天一到家，我就为他准备他喜欢吃的饭菜，他每天穿什么衣服，我都会整整齐齐的准备好，可想而知，只要我一出差，他甚至连自己的衣服都找不到……多年来，我对老公可以说是全心全意。但他却突然对我说我的控制欲太强，以致让他窒息，他受不了，提出离婚，直到现在我都不知道什么原因促使老公动了离婚的念头？他喜欢喝酒，我不让他喝，那是因为我担心他的身体；

他喜欢和不三不四的朋友小聚，我不让他去，那是因为怕他学坏；我让他报英语学习班，也是为了让他上进……无论我做过什么，都是因为我爱他，难道爱他也有错吗？”

又是一个“造夫太太”，企图操纵一切，想通过控制男人来维护婚姻，却不知道那是对男人“精神边界”的侵犯。

每个女人都是一所学校，在男人进入这所学校深造的时候，有的女人想把男人打造成一个好丈夫，于是就开始行使自己的“造夫”计划，可谓用心良苦。但是对男人来说，却显然是另外一码事，他认为是被女人牢牢控制和操纵着！他希望得到的是女人的理解和赞扬，但最终得到的却是女人的不满意和无止境的造夫计划。

“造夫”计划虽然表面上看起来是对丈夫的一种爱，但背后却掩藏着深不可测的操控意识，说得直白点，她们是以爱的名义来控制丈夫。女人这种不自觉的控制行为就是严重的缺乏安全感，一种关系一旦有了控制，就会产生反控制。每个人的“精神边界”都是神圣不可侵犯的，本来这种类型的男人天生挑战心理就强，面对女人总是以爱的名义对他人的“精神边界”进行侵犯，他们逃跑也是出于本能的反应。

帮助男人成长与进步，最好的方式，就是不必想当然地对他实施改造。即使男人远远不够完美，也希望和需要女人真心实意地接受。所以，聪明的女人拒绝做造夫太太。

不可发号施令，强求他做出任何改变，也不要随便指出他的缺点或者不足，更不能越俎代庖替他做出任何决定，因为他会觉得你是在控制他、否定他，更会觉得是被你牵着鼻子走。做妻子的要耐心一点，不要想当然地给他指导或者建议，这样反而会弄巧成拙。你应该相信即使没有你的指点，他也会做得很好，或许他已经准备冲锋陷阵了，你的无言就是对他最好的鼓励。

这种类型的男人异常固执，他们拒绝做出改变，如果你想改变他，他会认为你是在控制他，这是他最无法接受的。当然了，他们也害怕承认缺点和错误，宁可回避现实，也不愿听到你的轻蔑或挖苦。做妻子的应该尽量让男人相信：即使他不是最优秀的，你一样爱他。给予他信心，这是最好的激励方式。

永远都不要迫使男人改变以适应自己的感受或者要求，当然，如果你的心里不痛快，你要做的是试着鼓励男人考虑你的感受，而不是暗示或者提醒他该做什么，直接明了地说出你的感受，他是个有思想的男人，相信他知道自己该做什么。

和睦幸福的婚姻应该建立在尊重、平等、互助的基础上，而不是控制与反控制，一旦出现两者的对立，结果是造成彼此关系的紧张和破裂。所以，聪明的妻子绝不做造夫太太。

3. 别碰触他的尊严，安然地做个幸福的女人

尊严是这种类型的男人最敏感的神经。他们把自尊看得比什么都重要，尊严胜过一切，什么都可以不要，但尊严却不能丢。在他们心中，永远奉行的是“士可杀，不可辱”！如果谁要侵犯他的自尊的话，他会义无反顾地站出来说“不”，纵使是亲密的爱人或者是有血缘关系的家人。这种类型的男人天生就是当领导、当头儿的料，即使是在家里，也喜欢当老大、大男人、大丈夫。他们怕别人瞧不起他，怕别人说他软弱、没本事。尽管所有的男人并非都是英雄，成功者也只是凤毛麟角，不过这种类型的男人一生之中都在烈日酷暑或雪刀霜剑中谋生拼搏，为的就是能够拥有权利、获得尊严，给爱人撑起一片自由的天空。

实际上，男人都有强烈的自尊，只是这种类型的男人的自尊感更为强烈，如果不小心伤害了他的自尊，就会给他精神上致命的打击。作为妻子，如果真的爱你的男人，就把他的自尊心当成你最亲密的朋友一样温柔地呵护吧！不要碰触他的尊严，他喜欢当大男人，那你就安然地做个小女人，做个幸福的小女人。因为他大男人的大正配你小女人的

小，也正能满足你小女人被保护的欲望，为什么不能欣然地接受他的保护呢？

一个8号性格的男人说："只要妻子对我温柔一些，我就心甘情愿的为她付出一切，但如果她颐指气使、命令我做事，我就会感到自己不受尊重，我就会毫不留情地拒绝她……"可想而知，这种类型的男人把尊严看的比什么都重要，聪明的女人应人前人后给足男人面子，女人尊重男人越多，男人就会为女人做得越多。因为女人给足男人的尊重和面子，就等于给了男人足够的自信，这种自信才是男人前进的动力之源。

当然，3号性格的男人也特别爱尊严、爱面子，但只是为了满足自己的虚荣心，不愿意别人说自己没成就，而8号性格的男人骨子里就很强势，有着领导的风范，也喜欢支配别人，所以，他们不希望别人来侵犯他的尊严，这和3号性格的男人相比，还是有着本质上的区别的。

美如在一家国企做行政工作，每个月不到2000元的薪水，不及在外企工作的老公玉国的三分之一。那时，美如对玉国是崇拜有加、言听计从，当然，玉国也是理所当然地享受着妻子的这种温情。

后来，美如的单位倒闭，她下岗做起了小生意，经过两年的苦心经营，生意越做越大，赚的钱也是老公玉国的好几倍。自从发达之后，曾经那个小鸟依人、温顺可爱的小女人变成了做事雷厉风行的大女人，在妻子美如心中，老公玉国再也不是高大的大男人了，她对老公再也不是言听计从，相反对老公是横挑鼻子竖挑眼，有时候还会公然挑起风波。有一天，美如有意无意地说："这个社会，钱多才有地位，才能让人看得起……"这句话，明摆着就是说给老公玉国听的。玉国心里自然不是滋味，心想我一个堂堂大男人是要尊严的，怎么可能受制和屈身于一个弱女人呢？他不相信自己的能力抵不过一个女流之辈，他也不想再看女人的脸色了，他要找回男人的尊严。最后，玉国也毅然辞职，和一个朋友合伙经营起一家外贸公司。但是公司业务进展不顺，终究停业关门。本来生意的失利对玉国的打击已经够大了，再加上妻子美如的火上浇油，玉国连活下去的勇气都失去了……

这种结局不知道是归于女人给男人过大的压力，还是男人自尊心太强造成的。有时候，男人的自尊心是个很难说清楚的东西，即使自己一无是处，毫无地位，也要充当顶天立地的男子汉，希望得到女人的尊重，目的很简单，无非就是满足自尊心的需要。这种类型的男人，他们把尊严看得比什么都重要，如果女人时时处处给男人尊严和面子，那么婚姻便会坚如磐石。

那么，男人的尊严是什么？其实就是尊重，男人需要女人的尊重，尤其是在人前，更需要女人的尊重。一个女人，无论多么的优秀，在他面前都不要显山露水，让他感到来自你的压力。当然了，在他失意的时候，更不要表现出担心他的得失，而是要一如既往的相信他……还有，当他在外高谈阔论、大吹牛皮的时候，不要揭穿他、反驳他，这是他们的禁区、雷区，女人勿访，更不要碰触它。

如果你爱你的老公，同时也不想毁掉这个男人的话，那就不要碰这个男人的致命伤——尊严，让大男人去保护自己，安然地做个小女人是一件很幸福的事。

4. 有点强势和牛脾气，聪明的女人懂得以柔克刚

这种类型的男人虽然性格坦荡、直率、豪爽、讲义气，做事不拘小节，但是他们同时也很强势，充满霸气和压迫感，而且特别爱发脾气，发起脾气起来也很吓人。因为他始终扮演庇护伞的角色，在遇到他自认为不公正的事情的时候，总是会挺身而出。在冲突中，遇强越强、自视甚高、不可妥协，这样就造就了他们强势和牛脾气的特征，东北有很多这种类型的男人。当然，如果自己的妻子和别人发生冲突或者口角，他会不管三七二十一冲上去抽对方两耳光，这也不是不可能的事。

这种类型的男人脾气上来，对妻子、养育自己的父母或者其他长辈都不客气，也就是说，不管对象是谁，只要不对自己脾气就会发火。他们不会感觉自己的牛脾气已经严重地伤害了别人，还以为自己性格外向，从来不会藏着掖着什么、光明坦荡而自豪。他们什么时候都认为自己很不错，很了不起，所以，他们对妻子也总是理直气壮。

一位妻子抱怨道：我老公就是一牛脾气，本来没多大点事儿，他就脸色铁青对我大发雷霆，他总是这么强势，脾气也总是这么坏，不过他

却一点都不觉得。每当我问起他为什么因鸡毛蒜皮的小事儿生气呢?他却一脸无辜地反问我"我什么时候生气了?"……

看到他发火的样子,我既害怕又心痛。这么多年来,他一次次地对我发火,每发一次,我的心就被伤害一次,但他根本不以为然,也不明白我已经被他深深地伤害了。有时候,真想和他狠狠地较量一下,不过也只是想想而已,像他那种牛脾气,谁和他较量,他就和谁翻脸。现在我也慢慢地习惯他了,对他这种性格的人,硬碰硬肯定是不行的。所以,在意见不合或者产生矛盾时,我也在尝试着用其他方式和他沟通,比如说适度装傻,假装自己不知情、不知道,或者是回报给他一个妩媚的微笑,别说,这招还真挺管用。有一次,因为一件小事,他冲我大吼,对我大发雷霆,这时,我微笑着对他说:"老公,你发怒的样子还是蛮可爱的,还有两个笑酒窝,如果我什么地方做得不对,就让我这张笑脸赔个不是……"当他想发火、想吵架的时候,我总是换着不同的方式"对付"他,反正不像以前那样硬碰硬。慢慢地,他的脾气也逐渐地缓和下来了。

这种脾气的男人就是吃软不吃硬,虽然他们脾气很拗,也很强势,不过他们也有自己的优点,那就是生气的时候必然会表露无遗,别人也能看出来,不像有些男人对内是一个爆脾气,对外却温柔的像一只绵羊。

俗话说:一物降一物。温柔的女人最能降住这种"铁"男人,这就是女人温柔的力量。温柔像春风细雨,更像荡漾的水。女人的美,美就美在"柔情似水",对男人来说,有时候女人的温柔就似瓶强腐蚀的硫酸一般,将男人的钢筋铁骨化为汁液,即使男人明知道后果,还是欣然接受这种硫酸式的女人。

如何修炼才能成为铁骨铮铮的臭脾气男人心中最为温柔的女人？

第一，将自己的亲和力表现在脸上。有的女人天生说话生硬生硬的，不知情的人还以为对方欠她什么似的，这种女人就是典型的缺乏亲和力的女人。亲和力是由内到外散发出的一种温文尔雅的气质，给人一种亲切的感觉。对于全身都散发出一种亲和力的女人，男人都愿意靠近，因为和这种女人在一起有一种很舒服、很愉悦的感觉。

第二，克制自己，丢掉坏脾气。有的女人好像天生就有暴力狂，大嗓门儿说话，对别人也是颐指气使，脾气大的可以和男人一拼，即使女人也会避开她，何况男人呢！女人，你要审视一下自己，看看你是不是像我说的这种女人，如果是，那一定要把你的坏脾气收敛起来，像丢垃圾一样把它丢进垃圾箱。即使再十万火急的事，也要心平气和，要懂得克制自己，只有这样，你在男人心中才算是一个温柔的好女人吧！

第三，耐心、耐心、再耐心。天生缺乏耐心的女人注定不是一个温柔的女人，这种女人遇到点风吹草动，就会火冒三丈，急得像热锅上的蚂蚁。其实，女人，你又何苦呢？耐心一点，再温柔一点，什么事情都会迎刃而解的。

所谓四两拨千斤，巨神钢铁般的男人在温柔的女人面前也会化作绕指柔。柔情似水，是女性诱人的魅力，也是一种征服他人的巨大力量。没有柔情的女人如同一杯白开水，男人只有饥渴难耐时，才用得着它；而充满柔情的女人则像一杯散发着幽香的葡萄酒，男人端起便不忍放手，因为这种味道让男人爱不释手。

有本杂志是这样阐述温柔的女人的：在他劳累时，为他松筋骨；在他困倦时，为他遮掩被褥；在他脆弱时，给予母性的关爱；在他坚强时，小鸟依人；在他宠爱时，大可娇嗔任性……是的，面对这种柔情似水的女人，即使是铁骨铮铮的臭脾气男人，也会不堪一击的。

5. 他做他的大男人，你做你的小女人

如果说男人是铁骨铮铮的话，那这种类型的男人就是刀枪不入的“铁”男人，他们就像是用钢筋铁骨做的，永远都打不倒！他们时时处处都表现得很强大、很男人，他们坚信男人就应坚强，男人就要肩负着保护家庭的使命，男人就是要保护自己的女人，男人就是要有所担当……这种类型的男人特别善于强化自己的外壳，使自己看上去很强势，也很强硬，如同一个“铁”男人。他们就是大海，应该容下所有的不平和委屈；他们就是高山，应该背负所有的不幸和苦难；他们就是钢铁，应该经得起生活的历练和捶打……总之，他们觉得自己应该承担起命运的重担。所以，他们努力、勇敢、坚强，“天将降大任于斯人也，必先苦其心志，劳其筋骨，饿其体肤，空乏其身，行拂乱其所为，所以动心忍性，增益其所不能。”这句话描述的就是这种类型男人的特征。

这种类型的男人深知自己被赋予了神圣的责任和使命，所以他们很坦然地做着大男人，尽职尽责地履行着自己的职责。无论什么时候他都要显示出自己是大男人，尤其是在小女人面前。即使曾经自认为

是铜铸的墙、铁打的壁，没有女人能够穿越，可是面对“可怜巴巴”的小女人，以前的种种戒律和誓言都会不攻自破、化为乌有，而且曾经的种种不快和隔阂都因此而变得烟消云散。

所以说，“对付”这种类型的老公还是很容易的，既然他们天生就是做老大的，喜欢保护软弱温柔的小女人，那我们就做个等待保护的“小兔子”吧。

小柔就是一个特别会做女人的温柔小女人。每当老公下班回家，小柔总是娇滴滴地把头靠在老公的肩上，或者是搂住老公的脖子故作小女人状。老公经常出差，小柔也是时不时地发个短信或者柔声柔气地在电话那端对着老公撒娇：“老公，人家想你啦！”这一句“我想你”就勾起了老公的似箭归心，不管单位还有什么其他娱乐活动安排，他都会一一推掉，飞回小柔的身边。实际上，小柔的老公是一个很执拗的男人，脾气也不好，可就是在小柔面前发不起脾气来。有一次，和老公一起在厨房做饭，小柔大呼小叫地不敢杀鱼，老公踱方步来道：“让开，还有比我牛的？”小柔故作惊恐状躲在老公的后背，等老公完事儿之后，她亲了老公一口，“还是老公厉害啊！”“老公，你做的酸菜鱼特别好吃，好馋啊！”老公听了之后，“好，今天我再给你露一手。”小柔总是这样，悠闲地做着小女人，把什么脏活儿、累活儿都交给大男人的老公干了。

与小柔明显不同的是亚男，在结婚不到一年的时候，老公就提出了离婚，理由是他拒绝不了爱慕自己的另一个女孩，并且对方有了自己的孩子。男人还对亚男说：“我知道你很坚强，她不一样，她非常需要我。”但是，男人不知道的是，亚男并不坚强，只是她不会撒娇，不懂温柔，也不懂示弱……她只是经常对这个男人呼来唤去，动不动就对他发号施令，什么事都喜欢自己扛着，即使是男人想帮她一把的时候，都被她无情的回绝了。但事实上很多貌似坚强的女人都因为“坚强”而被辜负了，男人想做大男人就让他去做吧，靠在他的肩膀上悠闲的做个小女人，又有什么不好的呢？

上述例子中的小柔就是一位聪明的女人，她懂得如何在大男人面前做个娇滴滴的小女人。不过有的女人却愚笨至极，不仅不会温柔，还像个泼妇似的河东狮吼、无理取闹、独断专行，俨然一个大女人，上例中的亚男就是这样的女人，她就是不懂得该如何做个小女人。

大男人有时候的“大”，只是想履行更多的家庭责任，想向家人证明他是顶天立地的男子汉，他是有一定支撑家庭的实力的。做妻子的，一定要体恤他的苦心，成全他的一番美意。既然，他想做大男人，那我们做个等他保护的小女人也未尝不可。

不管什么时候都要肯定他在家中的地位，让他觉得他是家中不可缺少的人，而且是非常重要的一部分，这样，他才更加感觉到自己是个大男人，也更能增加他的责任感。

当然了，千万不要在老公面前表现得太坚强。如果一个女人在男人眼里是一个事事不求人、万事能摆平和任何事情都打不倒的“铁人形象”，那就等于剥夺了大男人的权利。有的女人吃亏就吃在总是太倔强、太蛮横、太大女人，大有和男人一争高下的趋势，这样的女人，男人是特别的排斥，因为一山不容二虎，老大只能有一个，有了大女人，大男人自然就不存在了。但是这种类型的男人天生就爱做大男人，他不可能去充当小男人的角色，如果把他安排在小男人的角色上，他肯定受不了，会冲出去即使头破血流，也要挽回大男人的形象。所以，女人还是不要和他们争了，让他们去做大男人的角色，自己做好小女人的角色即可。有时候被大男人宠着真是一件幸福的事，不准你减肥、不准你晚睡、不准你太累、不准你裙子穿这么短、衣服领开这么低……这么多的不准，都是大男人对小女人的一种疼爱，他们甚至用命令的口气命令小女人，但这之中却透露着对女人的一种在乎，做小女人是多么幸福的一件事啊！

◎类型

平和中立型

◎简介

"我摇着橄榄枝来到了这个世界,把和平带到了这个世界。"这是9号性格的男人所追求的信仰。他们温文尔雅、随和、有耐性,正是因为他们的性格使然,使得9号是最有包容心的一类人。他们一直在追求一种和谐宁静的氛围,凡事怕冲突,所以,他们又被称为调停者、和事佬。为了追求一种和谐宁静的氛围,他们宁愿委屈自己,有时候甚至忽视自我,只是太注重对方的感受。如果对方侵犯了他的权益,尽管他始终保持沉默,有时候甚至有点冷漠,不过,这也不能阻止他反抗的心。

◎关键词

平静,热情,和蔼可亲,友善,有耐性,倔强,冷漠,沉默,被动,没有主见。

使用时注意事项

这种类型的老公渴望宁静、想方设法来规避冲突,他们害怕争
分离,面对这样的老公,只要你不对他"生硬",对他温柔和气,
永远会尊重你的意见。平和型的人,是一个最好的伴
因为他冷静而不浮躁,执著而不善变,在你足
的重视之下,他们始终有一颗温和善良的心。

Chapter 10 平和中立型老公

1. 很难对他人说“不”，尽管有时候很不情愿

9号是一个很容易受他人情绪影响的性格号码，对于他们来说，拒绝别人的请求是一件相当困难的事情，可以说，他们有时候是被他人的情绪牵着鼻子走的。在他们看来，对他人说“不”就如同自己遭到拒绝一样难受。他们更愿意对他人点头，顺从和同意他人的观点，而不是公开表达自己的怒火，因为他们害怕发怒会导致彼此失和。有时候尽管自己心里不是很情愿，但他们也坚决抵制说“不”，他们太怕拒绝别人了。比如说他原本想去图书馆看书，可是朋友非要拉他去看电影，虽然他极不情愿，可是碍于朋友的关系，还是勉强去了；或者他本来不善于喝酒，一喝酒就上头，可是同事或者朋友都在劝他的酒，而且其他人也都喝了，他在很不愿意的情况下还是把杯中酒一饮而尽；朋友来找他借钱，他虽然知道自己手头也不宽裕，也知道家里的存折上所剩无几，可是他不想拒绝，在这种情况下，他依旧会口头答应下来，之后想办法去兑现承诺……这就是9号性格的人，他们从来不会拒绝别人，只会说“Yes”，不会说“No”，甚至把对别人说“No”看成是一件很痛

苦的事情。

最近，薇薇对她的老公特别有意见，原因是在没经过她同意的情况下，私自把存折里的预留给儿子上高中的三万块借给了他哥们儿，更可气的是，为了给朋友凑足四万，他还从另外一个朋友那儿挪借了一万。薇薇每每想起这事儿就心口疼痛不已，甚至气愤得向老公发火。

“你要知道存折里的钱可是咱家全部的积蓄，你借就借吧，还从其他朋友那儿转借你哥们儿，你是不是脑子里进水了啊！”薇薇是气极了，一股脑把心中的不满都发泄出来。

老公笑眯眯地把薇薇搂在怀里，“老婆大人，不生气了啊！我那哥们儿两个月之后就会还上的，咱就帮他应应急，再说关系那么好，怎么好意思拒绝他呢？我知道老婆大人是大人大量，不会和我计较这些小事的……”老公边赔笑脸，边安抚薇薇激动的情绪。

“你总是这样，上次邻居和你借咱家的车，你想都没想就答应了，本来你答应第二天要送我去教育局开会……有些东西是能借的，有些东西是不能借的，不能借的东西，就要学会去拒绝。你倒好，不管别人和你借什么，你都答应。”薇薇忽地从老公的怀抱里挣脱出来，“有一天，有人和你借你老婆，你也答应吗？”薇薇越说越离谱，把陈芝麻烂谷子的事都抖出来。

老公始终不生气，一直赔着笑脸，不断地向薇薇解释，“我知道这钱不应该借给我哥们儿，想拒绝他，可是我真的很难说出口啊！不想看到他为难的样子，最后就干脆答应他了……”

为了这件事，薇薇和她老公一直闹了将近一个月，她实在是气不过老公，别人求他办的事，他总是有求必应，即使自己很难办到的事，也不会拒绝对方，甚至觉得别人求上自己那是对自己的信任，而拒绝别人是在抹对方的面子，所以，绝对不能对别人说“No”。有几次实在是没办法，拒绝了别人，为此他还愧疚了很长时间。实际上，完全没有必要自责，他已经尽力了，不能为了满足他人的意愿而折磨自己啊！

这是这种类型男人普遍的一个特点，就是他们无论如何都说不出“拒绝”二字的。心理学家发现，不会说“不”的人，从根本上来讲，还是对自己缺乏信心。缺乏自信和自尊常常会为拒绝别人而感到不安，而且会有别人的需求比自己更重要的想法。所以，非常有必要培养一下他们的自信心。

也许你的老公正是这种类型的人，这样的老公有时候也让你感到很气愤，“自己办不到的事为什么就不拒绝呢？”有时候，不是他们不想“拒绝”，只是他们把拒绝对方和排斥对方的概念相混淆，他们怕别人把排斥的帽子扣在自己头上，于是乎，对于别人的请求，总是有求必应。这种心理当然是错误的啦！所以，要让你老公真正明白他不善于拒绝的真正心理，让他意识到拒绝和排斥是完全不同的概念，拒绝只是告诉对方这件事你帮不了他，但并不表明是在排斥他，合理的拒绝并不会招来别人的烦感，只是一种很客观的人之常情。当然，被拒绝的一方也许会有一丝的不舒服，不过他站在客观的角度，是非常容易理解的。所以，告诉你的老公完全没必要内疚和自责。对于别人不合理的请求，学会说“No”。

2. 沉默沉默再沉默，他就是沉默的羔羊

这种类型的男人总是默默无闻，无论什么时候都不会与人发生争执，更不会与人发生争吵，只是让自己沉默沉默再沉默，因为在他们的内心，始终追求一种和谐的关系，没有什么事比拥有一片平和的静土更重要的了。

在夫妻吵架中，哪种类型的老公最能保持沉默？答案自然是这种类型的老公——平和中立型。他是温文尔雅、懂得爱护家人和朋友的老好人，从来不会故意挑衅你。就算你故意挑衅他，他也会一笑了之，或者是采取沉默的态度，任凭你的滔滔不绝，他只是像羔羊般的沉默、温和，当然更不会反抗了。他顶多也就是逃之夭夭，对你置之不理，这是他们习惯回避人的方式——即使不喜欢和不愿意，嘴巴上也会说好，始终压抑着自己心中的怒火，他就是这样一种消极抵制的态度。

不搞对抗，肯妥协、肯沉默，是这种类型男人的典型特征。他们为什么不站出来反抗而只是保持沉默呢？因为他们觉得即使表示出反抗或者争执，也不会收到什么任何好的效果，而且只会助长对方的火气，

即便是直接表示愤怒，别人也不会重视他们的意见。他们也始终相信忍一时风平浪静，退一步海阔天空。所以，他们总是克制自己的怒火，尽量让自己内心平和，不与其他人发生冲突。如果总是在争吵和争执中度过，这种生活简直太糟糕了，要远离和摆脱这种无休止的争吵，对他们来说，最好的办法就是保持沉默。不过，老公的这种习惯性沉默总会让妻子气不打一处来，无声的反抗就是让人愤怒的元凶，有时候比激烈的争吵更让人害怕。于是，妻子们会反问，甚至责怪他为什么不与她争辩，“你有什么意见你就说出来，你为什么不说话？你没理了？”女人的咄咄逼人还是无法让老公开金玉之口，这让她们更加生气，怒发冲冠，只是因为他的沉默。沉默就是无声的反抗，沉默就是不在乎，沉默就是不屑……他到底怎么了，女人发出了疑问，甚至对男人的沉默束手无策。

淼淼向静静抱怨道：“结婚前看到老公那么温顺、善解人意、随和，也总是站在我的立场上考虑问题，觉得他是一个很好的丈夫人选，所以才义无反顾地嫁给了他。可是婚后，发现他就是一木头，打不还手，骂不还口，即使我出言不逊或是在那边已经吵翻了天，把他骂了个狗血淋头、激将、催促都无济于事……你说气人不气人？真不知道他是个什么人！即使是个木头，对于我的出言不逊也会站出来反抗的。他却不，要么始终死气沉沉地保持沉默；要么甩门而去，留下我一个人。”淼淼越说越激动，“再怎么吵架，夫妻两人也得说话啊，一句话也不说，沉默得像一头死猪，我都快要崩溃了。我又不是母老虎，为什么他一句话也不说？也许，他和我争辩一下，我心里会好受些，他这样，越是沉默，我越是来气……”

森森的话还没说完，静静就插口道：“那你为什么要和他发火？又为什么要和他争吵？”

“都是一些鸡毛蒜皮的小事，像我在厨房里忙着做饭，而孩子在客厅里乱爬，他却躺在沙发上拿着遥控器，根本不管孩子。最让我生气的是有一次，他同事过来找他聊天，把地板弄得乱七八糟的，而且还把烟灰缸和茶杯都给打了，整个地面脏乱极了……我一进家门看到这个样子，气就不打一处来，直冲着老公发火，不管我怎么数落他，他就是不和我辩论……实际上，都是些小事，有时候真是气不过，就想冲他发火。不过碰到了个木头，他总是对我的话没反应，无论我说什么。”

“为了一些小事和老公发火，你觉得值得吗？何况他对你保持沉默，那只是因为他爱你，不想因为芝麻大点小事就和你发生冲突，你怎么就不理解呢……”静静的一番话让森森陷入了无尽的沉思。

可以肯定的是冲着对方争吵是无法解决任何矛盾的，但是女人在生气时，总喜欢用争吵和唠叨的方式和老公对着干，却不知道无谓的争吵不仅伤害了别人，更重要的是还伤害了自己。更何况无尽的争吵对这种习惯于沉默的男人总是无济于事，任凭你一个人嚷嚷，他要么是保持沉默，要么是尽量回避，总之，就是不与你对抗。

实际上，姐妹们，仔细地想一想，如果一直这样吵下去，什么时候才是个头啊？无休止的争吵会给你带来什么？解气？不，只会越来越生气！快乐？更不会，只会带来烦恼……无休止的争吵只会带来越来越多的烦恼和越来越多的霉气，何况这种类型的老公就是沉默的羔羊，一个人的“独角戏”在外人看来就像是泼妇在耍泼，所以，还是让自己的“独角戏”尽快地结束吧。如果只顾发泄自己心中的怒气和怨气，出言不逊，最后的结果只能是两败俱伤，既伤了对方，又伤了自己。所以，如果是自己在理，那本着得饶人处且饶人的心态马上停止争吵，如果是自己无理，那马上停止横眉冷对，转而向对方道歉，一场没有硝烟的战争即可避免。实际上，婚姻中的冲突往往不是一个人对、另一个人错引起的，许多夫妻在争吵时，心里想的根本不是同一件事，更不是站在同一个角度，所以吵架没必要争出个谁对谁错来。

不过，有时候适度的吵架能加强夫妻间的感情，很多夫妻就是越吵感情越深。所以，对于沉默的丈夫，做妻子的要鼓励他卸掉伪装，把自己的观点表达出来，不能长时间地把不满和怨气压在心里，时间长了，就会产生更多的误会，更多的烦恼。有矛盾时，不论谁对谁错，只要能用平和的心态面对一切，坦诚公布自己的想法，就能化解矛盾和误会，并且更要了解丈夫的想法，及时和他沟通，与他达成谅解或者共识。这样，一场风波就避免了。

3. 安于现状是他的选择

9 号性格的人生活特别简单，基本上过的是两点一线的生活，每天从家到单位，又从单位到家。他的座右铭是：无惊无险又一天！或者是：无惊无险又到 5 点。他就是这样的人，按时上班，按时下班，按点儿回家，基本上没什么社交活动。这种性格的人不喜欢创新，也不愿意面对新的环境或者人物，只喜欢一成不变的模式。周围的朋友也是固定的那几位，随着年龄的增长，发现他们身边的朋友还是发小时的同学或者大学同学，偶尔有一两个知己，可以用寥寥无几来形容。

9 号性格的人也从不参与办公室政治，谁做主管了谁做经理了，他都不羡慕，多一事不如少一事，他只希望平平安安地度过一天。那种钩心斗角的工作实在不是他所擅长的，他也不愿意把自己搞得疲于奔命，更不愿意把自己卷进复杂的人际关系中，他们所走的是平和路线，只有放下更多的欲望，才能走得更安稳，人生在世不就图个安稳平和吗？

正因为 9 号这种人安于现状、与世无争、知足常乐的性格，使他看起来有点不思进取、得过且过，他最渴望的，不是金钱、名利，而是和谐的感觉。看看身边的人发财的发财，升官的升官，9号性格的人一点也不着急。如果身边有人劝他说："如果你再努力点，就能多赚点钱，这样日子也会好过些。"9号性格的人肯定会说："无所谓啦，现在这样也挺好的。再说了，人各有命，很多事不是努力就能解决的。"9号性格的人就是这样不紧不慢地过着自己的日子，这种日子虽然比上不足，但也比下有余，更重要的是平平安安，不会有大起大落的变化，再没有比这样的生活能让他们心安的了。

9号性格的人就是这样，比较守旧，也不愿意改变，只希望永远都能保持现状。不过，对于女人来说，可就不这样想了，她希望自己的老公有出息、积极进取、能出人头地。三个女人一台戏，女人和女人在一起，就是喜欢比谁的老公更优秀，谁的老公又升官了，谁的老公发财了，爱攀比，比胜了，似乎能证明自己有多么与众不同。或许你也有这样的感觉，别人的成功，别人的幸福，别人的春风得意，让你突然感觉到很失落，即使你表面比较平静，但内心同样是波涛汹涌，感觉有一种无形的东西被摧毁了。有些女人往往为了面子，贪图虚荣，追求虚幻的东西。别人有的东西我一定要有，别人敢消费的新东西，我也敢消费。当看到同事的包是名牌时，心中就难受。女人在物质上有了攀比之后，就会给自己带来不必要的精神和经济负担。于是，她们快马加鞭地督促老公要向某女人的老公看齐，争取今年赚个百十来万，明年升个处长，也好让女人的脸上有光啊！

代代硕士毕业后很顺利地考入了一家行政单位，不久就与同是公务员的同事结了婚，小夫妻过着比上不足比下有余的生活，这种日子也让人羡慕不已。

不过自从参加完同学聚会，她就对老公横挑鼻子竖挑眼，并时不时地责骂老公，“你看你，一点上进心都没有，看我同学她老公，和你同岁，人家都是一家公司的老总了，住洋房，开轿车，风光的很。”

“别人是别人，咱是咱，人各有命嘛！”老公回应道（很明显是9号性格人的习惯用语）。

“人家的成就都是拼搏而来的，看看你，每天两点一线，除了在单位上班，就是窝在家里睡觉和看电视，这样能有多大的出息。看看你周围的人一个个都比你混得好，你心里就不着急啊？我都替你着急。”

“无所谓啦，再说很多事不是努力就能解决的。”老公依旧不紧不慢地说道（俨然的9号性格的人）。

“你呀，什么事都无所谓，做一天和尚撞一天钟——得过且过，我看你最后能有多大出息。”代代提高了嗓音。

老公无语，只是听着妻子代代的数落。

在上例中，代代的老公就是很典型的9号性格的人，比较守旧，也比较安于现状，这是这种类型人最大的特点。面对这样的老公，再看看周围的人一个个都在努力提升自己，代代心态自然失衡了，攀比之心油然而生。

何况攀比本来就是女人的通病，如果没有攀比的对象，对当下的的生活感觉还算良好，对老公也算是满意，可是在看到别人家的老公发达之后，女人心理的那种不平衡感就出现了。不是指责老公，就是数落他，这已经严重地伤害了他的自尊心。虽然他口头上没有反抗，只是一味地沉默着，实际上，他心里早已对你有无尽的反感和怨恨了。你说你的，他沉默他的，对于你的指责，他总是用这种沉默的方式来反抗，但是沉默并不代表他同意你的看法或者观点。

所以，不要无休止的数落他没出息。但凡是男人都会把事业当作自己的生命，他已经在努力了，只是他不喜欢搞办公室政治，也不喜欢因为工作而把自己折腾得精疲力竭，更不喜欢与人争，所以，不要再辱骂他了，你的谩骂和指责不仅无济于事，而且还会招来男人对你的厌烦。想想看，你是他最亲密的人，你这样说他，于心何忍呢？爱一个男人就要尊重他，给予他赞赏和鼓励，激起他的斗志。即使心里再怎么抱怨他，也不能出言不逊恶语伤人，这样给男人心灵造成的伤害是无法愈合的。

也不要在他面前谈及别人的老公是如何如何的好。纵使你心里真的认为你老公有些方面不如另一个男人，也不要说出来。既嫁之，则安之。既然选择了他，那他身上肯定有你欣赏的优点。很多女人总是犯这样的错误，在自己的老公面前喋喋不休地夸耀别的男人是多么多么的出色，多么多么的上进，多么多么的有智慧，自己又是多么的欣赏他们。你有没有想过，也许正是你无心的话，会引来老公的阵阵不悦。要知道在一个男人面前夸奖另一个男人是多么的愚蠢。爱人就是爱人，只要去爱，不要拿来比较。

当然了，如果你是一个爱攀比的人，享受攀比的人，那么停下你的脚步吧！每个人的生活方式不一样，应该根据自己的实际情况，踏踏实实地过好自己的生活。人和人的差异是巨大的，那些成功男士像比尔·盖茨自是你老公无法比拟的。只要你不断地鼓励老公，并且和老公共同努力改善目前的生活状态，没有贪婪之心，拥有一点点就很知足了，这种平静的、自然的、真实的、健康的、积极向上的生活，才是真正的生活。

4. 异常冷漠，是为了维护自尊或者得到重视

9号性格的男人是和事老，他们不愿意与别人产生纠纷或者争议，他们十分重视平静、和平、和谐的人际与社会关系，也始终坚持“家和万事兴”、“以和为贵”的理念，只要平和，自己吃点小亏也无所谓。9号性格的男人呈现给别人的也始终是一副平稳、和善、和气的面孔，不过在他平和的外表之下，却有一颗执著的心，无论对事、对人都是如此。只要不是他愿意的事情，他口头上很难拒绝别人，也不会表达出来，不过在他脸上表现出来的却是有点异常的冷漠。尤其是遇上感觉比自己更强势、更拽的人，他们会更加的冷漠。“你拽我要比你更拽”——这是他们经常安慰自己的话。其实，不是他们很拽，他们之所以假装拽是为了维护自尊。9号性格的男人的自尊心是非常强烈的，他们只是很少表达出来，只是通过冷漠的方式向别人示威以示自己的不满。可见，9号性格的男人也不是完全不在乎自己感受的人，别人要他办事时，他会惯性地表示同意，但却未必会做。要是遇到让他们伤自尊的人，他们会用冷漠来报复对方，身体语言、眼神、脸色、语气无一不在告诉对方他

是否真的喜欢。当他们遇到侵犯自己利益的事,或者自己受到羞辱的时候,很少与对方直接发生冲突,而是用一种貌似退缩的行为或者视而不见的态度来回应。他们此时虽然表面显得平静,内心的愤怒却在压抑中倔强地涌动着,进而使他们看起来异常冷漠。

虽然 9 号性格的男人看起来是一个不会恨、不会记仇的人,但实际上,当他们遇到对自己不利的事情的时候,他们会用自己的冷漠与其说是报复别人,还不如说是报复自己的方式来发泄。

有一个 9 号性格的男人说:“在小时候,虽然妈妈很爱我,但更爱我哥哥。妈妈对哥哥过多的偏爱让我感觉到自己是一个不受重视的人。有一次冬季期末考试,哥哥考了年级第三,而我却不及格。妈妈给哥哥做了炸鸡翅以示对哥哥的奖励, 而我却被妈妈罚站不许吃饭,也不许上床睡觉。我就冷漠地躺在阳台冰凉的地板上,泪流满面,但始终克制自己不让自己发出声, 用这种坚强的方式表达着自己的愤怒,绝不让妈妈知道我的难受和痛苦,不过我至今都记得那种仇恨已经到了极点。直到父母最后想起了我,我才从冰冷的阳台上起来上床睡觉,但我把眼泪擦得干干净净,不让他们看到我的一丁点儿懦弱。在他们面前,我虽然沉默,但我很坚强,也很倔强,我内心的脆弱只有我自己知道。我这种冷漠的态度甚至让我的父母都感到诧异,他们都认为我的心肠很硬。我想他们的说法是错误的,因为我平时也很热情,对人也很和善,尽量不与别人产生矛盾或者纷争,只是有时候我有一股韧劲儿,所以看起来很冷漠。实际上,我只是为了维护自尊心或者是得到父母的重视而已。”

9 号性格的男人有时候就是有一股倔强的韧劲儿, 虽然不会把自己的不满直接的表达出来，也总是用置之不理的方式来逃避现实的痛苦，不过这并不表示他们顺从，只是他们把这种不满的情绪压制起来，慢慢地一点一点的，这种情绪在侵蚀着他们的内心，但结果就像决堤的洪水一样，一发而不可收。生活中9号性格的老公同样有这种特征，有时候虽然他们对妻子的意见不会持反对态度，但实际上，他们只是把这种不满或者怨言一点一滴地积攒到内心，一旦积累到一定程度，就会像火山一样发泄出来。

一位女士说："我老公平时看起来很和善，也很热情，从来都不与我吵架，家里的大事小情基本上也都是我说了算。慢慢地，我就养成了一种凡事不征求他意见的习惯，遇到事情自己就做主了。因为曾经征求他意见的时候，他也只是对我说'你做主就是了，我无所谓啦'。有一次周末，我习惯性的打扫房间，看到他书房里堆满了杂物，像过期的漫画、几年前买的茶杯、甚至还有一些食物标本，我统统的把这些东西放到了垃圾桶。等老公回到家时，发现书房里那些被他看成是'宝贝'的杂物不见的时候，他像一只发疯的狮子一样向我吼。我从来没见过他生气的样子，心想这怎么会是我的老公呢？真是很难想象，我的老公也会发脾气？"

9号性格者习惯压抑自己的怒火，直到他们受到的干扰达到了某种令人无法忍受的程度。他们控制自己的怒火，但并没有放弃对他人的反抗。尽管表面上看起来是顺从的、和善的，但没有表达出来的愤怒却被他们深深埋在心里。也就是说，他们会用一种间接的方式来表达自己的愤怒，一种是对别人视而不见，采取不理睬、不表态的方式；另一种方式就是采取冷漠的态度。如果不满和怨恨积累到一定程度，他就会大发雷霆，把心中的怨气全部发泄出来。

所以，作为9号性格老公的妻子，不要让他觉得你侵犯了他的自尊或者是严重的不够重视他。对于家里的事情，无论大事还是小事都要征求一下他的意见，这样他们才会觉得是一种认可和尊重。实际上，在征求他的意见时，他更在乎的不是最终采纳哪方的意见，他需要的只是一种被尊重的感觉。如果你对他采取的是一种强硬或者擅自做主的方式来对待他，他就会愤怒，认为自己不受重视，并采用冷漠的方式来报复。此时，他的“热情”就像是被浇了一盆冷水一样迅速冷却下来，变成“冷漠”。实际上，只要你不对他“生硬”，对他温柔和气，他对你还是会保持真诚热情而又温柔委婉的态度，因为他是最有包容心的老公，他永远会尊重不同的意见。

5. 只是感受对方的需求，却忽视自我

9号性格的人给人的印象是没个性、没主见之人，他们的生活很单调，基本上就是两点一线，也没什么兴趣爱好，当然也不会在大庭广众之下表达自己的意见或者观点。别人的观点就是他的观点，别人的意见也就是他的意见。他们从来不会把自己的感受放在第一位，他们的注意力总是在关注是否同意别人的观点之上，而不是在寻找自己的立场。这种性格的男人，他们会把伴侣的兴趣爱好当作自己的兴趣爱好，把伴侣当做自己的参照物，对方的生活状态就是自己的生活状态。伴侣喜欢的东西，他们就认为这个东西不错；伴侣不喜欢的东西，他们也会理所当然地认为这个东西不怎么样。看起来是在迎合对方，实际上，他们只是把注意力高度集中在对方身上，以至于完全没有自我，并以此作为两人融合的表现。他们说，相爱的两个人，彼此融合是不可避免的，只有融合才能消除人与人之间的分离感。

当然了，在情感生活中，他们很容易了解对方的感受，而且也能轻而易举地描述出对方的感受，对他来说，描绘对方的感受似乎比描绘

自己的感受更容易。所以说，这种类型的男人是那种善于感受对方需求的人，他们把对方的需求当成是自己的需求，愿意为心爱的人作出牺牲，以别人的期待为自己的期待，以别人的幸福为自己的幸福，也以别人的痛苦为自己的痛苦，没有人我的区别。比方说穿衣着装这些琐事，他们也不喜欢自作主张，希望获得对方的建议。

“这件衬衣和领带搭配着好看吗？”

“不太好看，还是再换一条其他颜色的领带吧！”

“听你的。”

“该穿哪双鞋呢？”

“穿去年买的那双黑色的鞋子就可以，你觉得呢？”

“你说好就好。”

这就是9号性格的男人，他们总是用别人的主张代替自己的主张，然而他们越是不爱表达自己的意见，也就越是容易坠入到自尊心低落的恶性循环里。过分地放弃自己的感受或者观点，或许可以避免一些相处上的冲突，但不是每个女人都会欣赏一个欠缺个性的老公，而且还会认为这种男人没什么主见、被别人所左右，甚至认为他们不像个男人，担当不起家庭的主要角色。

“老公，今天中午我们吃什么啊？米饭、饺子还是面条？”妻子小米娇滴滴地征求老公的意见。

“吃米饭可以，吃面条也可以，关键是看你了，你想吃什么我们就吃什么。”这就算回应了妻子。

过了一会儿，小米又向老公喊道，“老公，你想吃红烧肉还是红绕排骨啊？”

“什么都可以，你想吃什么我们就吃什么好了，你不是最爱吃红烧肉吗？”老公还是没说出自己的意见，实际上，妻子小米也是知道老公喜欢吃红烧排骨的，但他却始终不予表达自己真实的想法，只是在顾虑妻子小米的意见。

“你就说你想吃什么吧，不用管我，今天是你的生日，你就自己做回主……”小米最后有点生气了。

俨然小米的老公就是9号类型的，他们凡事很少自己做决定，“随便啦”、“无所谓啦”、“什么都可以啦”等是他们的口头禅，能够把伴侣的感受当做自己的感受，并把对方当做自己生活的动力。9号性格的男人会迁就和容忍别人，他善解人意，随和，很容易了解别人。但是，他们很容易“忘我”，也不太清楚自己想要什么，就算有，也会因为其他人的需要而忘记自己所需。比如他本来想吃米饭，但身边的人表示想吃面条，他都会赞成；即使他不想吃粥，为了不与对方发生任何冲突，他会忘记自我所需，别人想要怎样就怎样。所以，有时候，他们会显得缺乏主见，不喜欢站在自己的立场上去决定一件事情，有时候宁愿配合其他人的安排，做一个支持者，也不要做一个领导者、决策者。也就是说只要对方的条件不会对9号性格的人造成人身伤害，他们会无条件地尊重对方，他们很少会维护自己的地位和形象，可以完全听从对方的意见。

在需要做出决定的时候，9号性格的人看起来没什么意见，十分乐意服从，但是在他们平静的外表下面，有一颗翻江倒海的心。只是为了不与人发生冲突，9号性格的人会常常忽略自己的感受，他们不会也不好意思说出自己想要的东西，怕得罪别人令自己内疚。当别人问他的意见时，他会惯性地表示同意，但内心却另有自己的想法。所以，与9号性格的老公沟通时，要明白这一点，他们爱用身体语言来沟通，包括眼神，脸色，语气，都会告诉你他是否真的同意，只要你细心留意，就能发现其中的奥妙。